AUDIÊNCIAS PÚBLICAS
E ATIVISMO
DIÁLOGO SOCIAL NO STF

VANICE REGINA LÍRIO DO VALLE
Coordenadora

VANICE REGINA LÍRIO DO VALLE
JOSÉ RIBAS VIEIRA
ALFREDO CANELLAS GUILHERME DA SILVA
CECILIA DE ALMEIDA SILVA
FRANCISCO MOURA
IGOR AJOUZ

AUDIÊNCIAS PÚBLICAS E ATIVISMO
DIÁLOGO SOCIAL NO STF

Belo Horizonte

2012

© 2012 Editora Fórum Ltda.

É proibida a reprodução total ou parcial desta obra, por qualquer meio eletrônico, inclusive por processos xerográficos, sem autorização expressa do Editor.

Conselho Editorial

Adilson Abreu Dallari
Alécia Paolucci Nogueira Bicalho
Alexandre Coutinho Pagliarini
André Ramos Tavares
Carlos Ayres Britto
Carlos Mário da Silva Velloso
Carlos Pinto Coelho Motta (*in memoriam*)
Cármen Lúcia Antunes Rocha
Cesar Augusto Guimarães Pereira
Clovis Beznos
Cristiana Fortini
Dinorá Adelaide Musetti Grotti
Diogo de Figueiredo Moreira Neto
Egon Bockmann Moreira
Emerson Gabardo
Fabrício Motta
Fernando Rossi
Flávio Henrique Unes Pereira

Floriano de Azevedo Marques Neto
Gustavo Justino de Oliveira
Inês Virgínia Prado Soares
Jorge Ulisses Jacoby Fernandes
José Nilo de Castro (*in memoriam*)
Juarez Freitas
Lúcia Valle Figueiredo (*in memoriam*)
Luciano Ferraz
Lúcio Delfino
Marcia Carla Pereira Ribeiro
Márcio Cammarosano
Maria Sylvia Zanella Di Pietro
Ney José de Freitas
Oswaldo Othon de Pontes Saraiva Filho
Paulo Modesto
Romeu Felipe Bacellar Filho
Sérgio Guerra

Luís Cláudio Rodrigues Ferreira
Presidente e Editor

Coordenação editorial: Olga M. A. Sousa
Revisão: Adalberto Nunes Pereira Filho
Bibliotecário: Ricardo Neto – CRB 2752 – 6ª Região
Indexação: Paloma Fernandes Figueiredo Santos – CRB 2751 – 6ª Região
Capa, projeto gráfico: Walter Santos
Diagramação: Karine Rocha

Av. Afonso Pena, 2770 – 15º/16º andares – Funcionários – CEP 30130-007
Belo Horizonte – Minas Gerais – Tel.: (31) 2121.4900 / 2121.4949
www.editoraforum.com.br – editoraforum@editoraforum.com.br

A912 Audiências públicas e ativismo: diálogo social no STF / Vanice Regina Lírio do Valle [et al.] ; Coordenação de Vanice Regina Lírio do Valle. Belo Horizonte : Fórum, 2012.

142 p.
ISBN 978-85-7700-572-7

1. Direito constitucional. 2. Ciência política. I. Valle, Vanice Regina Lírio do.

CDD: 341.2
CDU: 342

Informação bibliográfica deste livro, conforme a NBR 6023:2002 da Associação Brasileira de Normas Técnicas (ABNT):

VALLE, Vanice Regina Lírio do et al. *Audiências públicas e ativismo*: diálogo social no STF. Belo Horizonte: Fórum, 2012. p. 142. ISBN 978-85-7700-572-7.

SUMÁRIO

INTRODUÇÃO 9

CAPÍTULO 1
PODER JUDICIÁRIO E SEU DESENHO INSTITUCIONAL
– DESMISTIFICANDO O SUPOSTO DA ABSOLUTA
INDEPENDÊNCIA 17

1.1 *Separação de poderes – Judiciário e a desmistificação da neutralidade institucional* 18

1.2 *Constrições de ordem institucional incidentes sobre a função jurisdicional* 23

1.2.1 Os benefícios políticos da convergência judicial-parlamentar 27

1.2.2 As desvantagens políticas da desarmonia entre legislativo e judiciário 29

1.3 *Constrições de ordem social incidentes sobre a função jurisdicional* 31

1.4 *A aproximação do poder judiciário com a opinião pública como estratégia de autoproteção e legitimação* 34

CAPÍTULO 2
TRATAMENTO NORMATIVO DAS FIGURAS DESTINADAS
À ABERTURA AO DIÁLOGO SOCIAL 39

2.1 *O contexto da preceituação em sede de controle de constitucionalidade de mecanismos de diálogo social* 40

2.2 *O quadro normativo existente* 42

2.3 *A distinção entre as hipóteses de intervenção* 44

2.4 *A audiência pública como mecanismo ditado pela prática* 46

2.5 Perplexidades do sistema – Ausência de uniformidade no tratamento da participação de terceiro não proponente da demanda 51

2.5.1 Terceiros postulando intervenção no feito 51

2.5.2 Intervenientes obrigatórios 53

2.5.3 Informantes 54
2.6 *Ainda perplexidades do sistema – A aproximação das figuras do amicus curiae e dos participantes em audiência pública na visão do STF* 57
2.7 *Pontos para a reflexão analítica* 60

CAPÍTULO 3
O VIVER DAS AUDIÊNCIAS PÚBLICAS NO STF – CRÔNICA DE UMA EXPERIÊNCIA INSTITUCIONAL EM DESENVOLVIMENTO 63
3.1 *Complexidade das demandas e sua indução ao uso do instituto das audiências públicas* 63
3.2 *ADI nº 3.510 –Audiência pública – Uso terapêutico de células tronco embrionárias* 64
3.3 *ADPF nº 101 – Audiência pública – Importação de pneus* 70
3.4 *ADPF nº 54 – Audiência pública – Antecipação terapêutica do parto de feto anencefálico* 75
3.5 *Audiência pública – Judicialização da saúde* 82
3.6 *ADPF nº 186 – Audiência pública – Ação afirmativa* 88

CAPÍTULO 4
DIÁLOGOS SOCIAIS, "CRENÇAS DISSEMINADAS" E SEU PAPEL NA CONSTRUÇÃO DA DECISÃO JUDICIAL 95
4.1 *O pensamento de muitas mentes na doutrina americana* 97
4.1.1 O processo de formulação de escolhas políticas e o Teorema de Condorcet 101
4.1.2 Outros processos coletivos de construção de decisão e seu relativismo no incremento do acerto das conclusões 103
4.2 *Expectativas deliberativas e o destinatário da escolha em cenário de muitas mentes* 107
4.3 *Muitas mentes na realidade brasileira – A prática dialógica desenvolvida pelo STF* 109
4.3.1 *Diálogo social e audiências públicas – Entre a busca de verdades factuais e verdades morais* 109
4.3.2 *Diálogo social e audiências públicas – Procedimento conhecido como técnica de prevenção das patologias do recuso a many minds* 113
4.3.3 Diálogo social e audiências públicas – Oportunidade para o mapeamento do dissenso 116
4.3.4 Diálogo social e audiências públicas – O silêncio como resposta e o afastamento das expectativas deliberativas 119

CONCLUSÃO 123

REFERÊNCIAS 129

ÍNDICE DE ASSUNTO 137

ÍNDICE DA LEGISLAÇÃO 139

ÍNDICE ONOMÁSTICO 141

INTRODUÇÃO

O início da segunda década do século XXI apresenta-se bastante desafiador para a denominada teoria constitucional contemporânea.[1] Nesse sentido, é de fácil constatação o reconhecimento dos limites do papel do Texto Fundamental na sua perspectiva reguladora da sociedade. A grandeza das atuais crises ambiental, de segurança e financeira atesta a impossibilidade de os textos constitucionais enfrentá-las e discipliná-las nas suas dimensões internacionalizadas. A postura defendida por Werner Kägi[2] de que o próprio contexto constitucional traduza por si só uma força normativa diante de momentos de constrições econômico-sociais apresenta hoje seus limites.

Pode ser agregada, também, a esse quadro constitucional pós 45, a dinâmica interpretativa-principiológica tão destacada na figura simbólica do juiz Hércules, em especial no final do século passado. O universo trilhado pelas concepções de pós-positivismo, ou mais pontualmente do neoconstitucionalismo, abriu um horizonte institucional-político favorável à eclosão de formas de atuação jurisdicional que, decididamente, expressam ativismo em alguma de suas múltiplas manifestações.[3]

Esse novo espaço de poder do Judiciário reivindicado pela prática do ativismo jurisdicional ganha, enquanto alternativa de desenho institucional, uma fundamentação teórica mais consistente, tendo em vista uma teoria constitucional americana que consolidou o princípio do contramajoritário com base na contribuição de Alexander Bickel.[4] Tal

---

[1] Nesse contexto da teoria constitucional contemporânea, deve ser compreendida a presença tanto da contribuição norte-americana quanto europeia. É natural que se reconheça, em razão de sua agenda institucional e a magnitude de seus impasses políticos, a marca do constitucionalismo estadunidense.

[2] KÄGI, Werner. *La Constitución como ordenamiento jurídico fundamental del Estado*. Investigaciones sobre las tendencias desarrolladas en el moderno Derecho Constitucional. Madrid: Dickyson Constitucional, 2005.

[3] A respeito da delimitação do ativismo judicial *vide* VALLE, Vanice Regina do Lírio (Org.). *Ativismo jurisdicional e o Supremo Tribunal Federal*: laboratório de análise jurisprudencial. Curitiba: Juruá, 2009. cap. 1.

[4] BICKEL, Alexander. *The least dangerous branch*: the Supreme Court at the bar of politics. 2ª ed. New Haven: Yale University, 1986. Nesta obra seminal de 1962, Bickel estabeleceu, de forma definitiva, a categoria a-histórica do contramajoritário

estrutura doutrinária reforça uma Corte Suprema americana revestida de supremacia — embora não fosse esse um atributo originário do *judicial review* nos termos cunhados em *Marbury vs. Madison*.[5] A decisão que afasta a deliberação pelos órgãos representativos a partir desse pressuposto contramajoritário, afigura-se ainda assim democrática, posto que preventiva das mazelas associadas à ditadura das maiorias.

No cenário teórico constitucional americano mais recente, no entanto, esse arcabouço teórico justificador do espaço institucional assegurado ao Poder Judiciário vem sofrendo revisitação crítica em diversos de seus aspectos, notadamente, seu efetivo caráter antimajoritário, e os possíveis benefícios, no campo da teoria da decisão, do concurso de múltiplos atores.

O debate sugerido pelos teóricos norte-americanos nesses dois últimos anos (2009/2010) traz, na verdade, outro tema à consideração, a saber, a interface entre cada qual desses arranjos institucionais — judiciário e legislativo — e sua aptidão à identificação do que seja efetivamente a *vontade da maioria*. Esta investigação, por sua vez, retroalimenta o debate quanto à legitimidade da decisão acerca do sentido constitucional, na medida em que tematiza sob outro viés o contramajoritarianismo; quem afinal realmente decide alinhado com a maioria, e quem exerce, se é que exerce a contradita?

De outro lado, o manuseio do vetusto conceito de maioria — e das virtudes ou não do alinhamento com ela — provoca a questão relacionada à teoria da decisão *lato sensu*, qual seja, escrutinar o potencial de aperfeiçoamento da escolha pelo concurso de muitos. A *Harvard Law Review* na sua edição de junho de 2010 estampa, de forma sistemática, resenha formulada por John Ferejohn,[6] dos livros anteriores de Cass Sunstein[7] e de Adrian Vermeule,[8] ambos dedicados a essa indagação

---

[5] É de Griffin a advertência de que o poder de anulação defendido por Hamilton e Marshall se diferenciava da ideia de supremacia, e de que esta, como característica indissociável do *judicial review*, só pôs pelo desenvolvimento do tema ao longo dos tempos. Sustenta Griffin que Marshall, ao final de seu voto no caso seminal *Marbury vs. Madison* teria afirmado tão somente que as Cortes têm o mesmo direito de empreender à interpretação da Constituição que os demais órgãos de poder político organizado, noticiando ainda que a afirmação da supremacia judicial só se enunciou pela primeira vez numa decisão da Corte em *Cooper vs. Aron*, em 1952 (GRIFFIN, Stephen. The Age of Marbury: Judicial Review in a Democracy of Rights. *Tulane Law School Working Paper*, n. 2003-01, Sept. 03 2003. Disponível em: <http://ssrn.com/abstract=441240>. Acesso em: 15 fev. 2011).

[6] FEREJOHN, John. The lure of large numbers. *Harvard Law Review*, v. 123, n. 8, p. 1969-1997, June 2010.

[7] SUNSTEIN, Cass. *A Constitution of many minds*: why the Founding Document doesn't mean what it mean before. Princeton: Princeton University Press, 2009.

[8] VERMEULE, Adrian. *Law and the limits of reason*. New York: Oxford University Press, 2009.

INTRODUÇÃO | 11

sobre a utilidade de uma perspectiva necessariamente plural na identificação do sentido constitucional. No referido texto, Ferejohn (2010, p. 1972) assinala a posição de Sunstein de que o conteúdo da Constituição seja mais bem compreendido como o produto de muitas mentes que como uma construção a que se chegue através de alguma combinação de originalismo e *common law* constitucional. Já Vermeule, na resenha de Ferejohn (2010, p. 1975), é apontado como um crítico mais ferrenho de um constitucionalismo centrado no judiciário que, ao revés, deveria externar como regra maior deferência para com os demais braços políticos do poder, especialmente o executivo, na medida em que são essas as estruturas institucionais, em princípio, mais aptas à formulação de julgamentos apurados em temas de alta complexidade.

O percurso, por sua vez, à obra dos autores resenhados está a demonstrar que o tema da formação das maiorias e do processo de escolha no seio delas tem já ocupado esses mesmo autores de há muito em termos de reflexão teórica.[9]

Como se vê, essa abordagem supera a polarização institucional estabelecida em relação a qual seja a estrutura de poder, em princípio, mais apta à formulação de escolhas difíceis envolvendo questões morais de grande complexidade. Uma primeira dimensão desse debate — que desqualifica o maniqueísmo de uma solução em favor de uma ou outra estrutura de poder — se tem por sintetizada na obra *Diálogos Institucionais e Ativismo*, do Grupo de Pesquisa Novas Perspectivas na Jurisdição Constitucional,[10] que explorava o caminho da interação institucional como "a terceira via" de a legitimação da decisão em *judicial review* — especialmente em modelos como o brasileiro, em que essa pronúncia se via revestida de definitividade à vista da supremacia judicial.

Prosseguindo nessa exploração de alternativas de legitimação da jurisdição constitucional — e instigado pelo debate norte-americano

---

[9] A título de mera ilustração, de uma vasta produção de ambos os autores, cite-se, Cass Sunstein (The Law of Group Polarization. *University of Chicago Law School, John M. Olin Law & Economics Working Paper*, n. 91, Dec. 1999. Disponível em: <http://ssrn.com/abstract=199668>. Acesso em: 24 jun. 2010); Adrian Vermeule Many-Minds Arguments in Legal Theory. *Harvard Public Law Working Paper*, n. 08-02, 2008. Disponível em: <http://ssrn.com/abstract=1087017>. Acesso em: 24 jun. 2010).

[10] SILVA, Cecília de Almeida *et al. Diálogos institucionais e ativismo*. Curitiba: Juruá, 2010. Esta obra agrega-se à anterior já citada em nota (VALLE, 2009), que a partir de uma ênfase na perspectiva da atuação do Judiciário, concluía por uma postura institucional reivindicadora do exercício de competências que não se apresentavam claramente como sua. O desdobramento da pesquisa levou à análise da prática (eventual) de diálogos institucionais por essa mesma Corte, num desenvolvimento articulado dos trabalhos do Grupo de Pesquisa Novas Perspectivas na Jurisdição Constitucional, articulado no PPGD da Universidade Estácio de Sá.

mais recente —, o Grupo de Pesquisa Novas Perspectivas na Jurisdição Constitucional volta-se à proposta relatada por Christine Bateup[11] de um modelo de *judicial review* que, inobstante a previsão formal da supremacia, opere a partir de uma prática de construção da decisão judicial orientada pelo diálogo social. Afinal, parece clara uma sintonia entre essa formulação — que aposta numa *judicial review* que não se reputa autossuficiente para o enfrentamento das grandes questões morais, optando por decisões minimalistas[12] para devolver o debate do tema à sociedade; e uma ideia ampliada de constitucionalismo cooperativo,[13] também essa, pauta recente de reflexão, agora mais em terras do Velho Continente.

No campo da teoria do diálogo social, o que se tem é a exploração da concepção de que o constitucionalismo possa operar a partir de relações de colaboração, no esclarecimento de seu sentido, com a sociedade que ele mesmo propõe estruturar e reger. Se assim é, também a *judicial review* haverá de se inclinar a essa prática dialógica, tendo a sociedade (também) por interlocutora.

Observe-se, assim, que a tematização proposta na presente investigação traz consigo uma nova complexidade na prática: afinal, no campo dos diálogos institucionais, os interlocutores eram conhecidos — as já mencionadas instâncias formais de poder.[14] Já no campo dos diálogos sociais, os participantes do debate não são conhecidos, e o risco de contaminação do diálogo é maior, suscitando problemas como

---

[11] BATEUP, Christine. Expanding the Conversation: American and Canadian Experiences of Constitutional Dialogue in Comparative Perspective. *Temple International and Comparative Law Journal*, Spring 2007; *New York University Law School, Public Law Research Paper*, n. 06-37. Disponível em: SSRN: <http://ssrn.com/abstract=947867>. Acesso em: 02 jun. 2010.

[12] A ideia de uma decisão judicial identificada como minimalista foi cunhada por Edmund Burke, e repousa na premissa de que os princípios constitucionais devem ser construídos de forma incremental e, por analogia, sempre se referindo às práticas longamente construídas na sociedade (SUNSTEIN, 2009, p. 36). Essa mesma ideia se viu retomada e disseminada pela obra de Cass Sunstein, que propõe o minimalismo como estratégia de decisão, pugnando por decisões que sejam recortadas quanto à profundidade e abrangência, empreendendo a um uso construtivo do silêncio que permita reduzir os riscos decorrentes de uma grande intervenção num sistema complexo, que poderia desencadear um variado espectro de consequências adversas não antecipadas (SUNSTEIN, Cass. *One case at a time*: Judicial minimalismo in the Supreme Court. Cambridge: Harvard University Press, 1997. p. 4-11).

[13] HÄBERLE, Peter. *Estado constitucional cooperativo*. Tradução de Marcos Augusto Maliska e Elisete Antoniuk. Rio de Janeiro: Renovar, 2007.

[14] A respeito das teorias dos diálogos institucionais vale mencionar o quadro síntese de comparação da aplicação das teorias dos diálogos institucionais no Canadá e nos Estados Unidos, *vide* SCHOR, Miguel. Constitutional Dialogue and Judicial Supremacy. *Suffolk University Law School Research Paper 10-66*, Dec. 23, 2010. Disponível em: SSRN: <http://ssrn.com/abstract=1730202>. Acesso em: 29 dez. 2010.

INTRODUÇÃO | 13

aqueles relacionados à captura, a radicalização[15] das posições dos participantes e suas consequências no procedimento de deliberação.[16] Se essa breve síntese já sinaliza certo afastamento de parte do STF das discussões centrais hoje travadas na teoria constitucional contemporânea, notadamente americana, de outro lado é certo que a mesma Corte tem se valido, na sua realidade diária, de institutos classicamente associados ao diálogo, como o *amicus curiae* e as audiências públicas, o que sugere o seguinte questionamento: por que, em determinadas questões morais ou de sentido mais técnico, apela a Corte para as formas de diálogo social descritas por Christine Bateup? Seria para atender a uma carência de informações ou há uma necessidade de legitimação das decisões por essa modalidade institucional? Mais ainda, os mecanismos cunhados pela Corte para esse mesmo exercício dialógico revelam-se aptos a capturar o real sentimento social e, ainda, esclarecer as complexas questões morais e técnicas envolvidas?

A materialização do diálogo social corporifica-se no universo do Supremo Tribunal Federal — como já mencionado — a partir do disciplinamento dos institutos do *amicus curiae* e das audiências públicas com base na Lei nº 9.868/99 e demais diplomas que se seguiram. Nesses dez anos orientados a esses novos temas, a partir da vigência do referido diploma legal e de outros, cabe questionar qual é, afinal, o formato e a repercussão institucional das audiências públicas para a articulação da jurisdição constitucional no Brasil e a sociedade?

A eleição do objeto de investigação desta obra — diálogo social como prática no *judicial review* — pontua, aliás, um outro aspecto. O final da primeira década do século XXI em referência ao Supremo Tribunal Federal está sendo marcado pelo debate da necessidade de mudar institucionalmente o seu processo decisório. Propala-se por um "terceiro Pacto Republicano",[17] que contemplaria, segundo sustentado pelo Presidente do Supremo Tribunal Federal Ministro Cezar Peluso, nova emenda constitucional que determine maior constrição no acesso à

---

[15] No tocante à possibilidade da radicalização ou da "polarização" na abertura para a sociedade, consulte-se a obra de SUNSTEIN, Cass. *A era do radicalismo*. Tradução de Luciene Scalzo Guimarães. Rio de Janeiro: Elsevier, 2010.

[16] SUNSTEIN, Cass. *Going to extremes*: How like minds unite and divide. New York: Oxford University Press, 2009.

[17] A noção de um III Pacto Republicano vem no processo de dar continuidade às mudanças estruturais advindas da Reforma do Poder Judiciário — Emenda Constitucional nº 45/04. Nos dias 1º e 02 de fevereiro de 2011, o Presidente do Supremo Tribunal Federal propôs à Presidente da República e aos Presidentes das Casas Legislativas, respectivamente, a assinatura do III Pacto Republicano.

jurisdição de segunda instância[18] — o que tenderia a reconduzir o STF a um modelo de Corte constitucional mais clássico. Mais ainda, a própria Corte chega a considerar — por sua Presidência — a utilidade da criação de um mecanismo de controle preventivo de constitucionalidade, a exemplo da sempre apontada (e recentemente modificada) experiência francesa. Esse movimento destaca a importância da análise do processo de construção da decisão em *judicial review*, que hoje se apresenta marcada por um procedimento agregativo, voltado ao convencimento externo.

A reflexão a respeito da prática decisória no STF quanto ao manejo em especial das audiências públicas que se desenvolverá nesta obra procedeu a uma opção clara pelo *prisma institucional*. Assim, fundamentou-se nos subsídios originários no amplo debate mais recente travado no âmbito da teoria constitucional americana, comprometido com essa perspectiva, secundarizando-se a discussão majoritária ainda presente, expressa em posições mais radicais tão bem explicitadas no constitucionalismo popular de Larry Kramer[19] e Mark Tushnet.[20]

A preferência pela postura institucional justifica-se a partir da constrição desse mesmo matiz — de arquitetura institucional — que decorre do art. 102, *caput*, CF, que atribui ao Supremo Tribunal Federal a inquestionável atribuição de guarda da Constituição.

As conclusões parciais da presente pesquisa se materializaram já em 2 artigos oferecidos à comunidade científica:[21] "Abertura dialógica

---

[18] Entrevista ao jornal *Estado de S.Paulo* de 28 dezembro de 2010 sob o título "Cezar Peluso quer mudar Constituição para acabar com indústria de recursos". *Vide*, também, o jornal *Folha de S.Paulo* de 29 de dezembro de 2010, "Supremo planeja mudar tramitação de recursos".

[19] KRAMER, Larry D. *The people themselves*: popular constitutionalism and judicial review. New York: Oxford University Press, 2004. Se a primeira década do século XXI resultou no aprofundamento de uma teoria constitucional americana radicalizada, não se pode desconhecer a presença do denominado constitucionalismo latino-americano. Este modela-se a partir da Constituição da Colômbia de 1991 culminando com as constituições da Venezuela (1999), do Equador (2008) e da Bolívia (2009). O constitucionalismo latino-americano aproxima-se do pensamento constitucional americano de ruptura ao valorizar a presença de um poder constituinte permanente. Além desse fato, remodela, de modo profundo, a visão clássica do Poder Judiciário ao instituir, por exemplo, descentralizadas jurisdições de base étnicas e temáticas.

[20] TUSHNET, Mark. *Taking the constitution away from the courts*. Princeton: Princeton University Press, 1999.

[21] VALLE, Vanice Regina Lírio; AJOUZ, Igor. Abertura dialógica na jurisdição constitucional: do contramajoritarianismo ao alinhamento com a maioria. *Jurispoiesis*, Rio de Janeiro, v. 13, p. 431-456, 2010 e VALLE, Vanice Regina Lírio do; SILVA, Cecília de Almeida. Abertura dialógica no controle abstrato de constitucionalidade: um olhar ainda preceitual. *A&C – Revista de Direito Administrativo & Constitucional*, ano 10, n. 42, p. 105-130, set./dez. 2010.

na jurisdição constitucional: do contramajoritarianismo ao alinhamento com a maioria", e ainda "Abertura dialógica no controle abstrato de constitucionalidade: um olhar ainda preceitual".

Já os resultados gerais se expressam nesta obra, que se inicia pela abordagem da compatibilidade entre a moldura institucional do Judiciário — em terras alienígenas e no direito brasileiro — e o papel que se lhe atribui, de construção de decisões eminentemente técnicas em ambiente supostamente neutro sob o prisma político. Esse ideal, que se apresenta como justificativa da arquitetura de poder refletida na Carta de Outubro, é contrastado com outros fatores de constrição desse mesmo poder, desmistificando a ideia de um ambiente asséptico politicamente neutro, infenso a pressões de qualquer natureza

A obra prossegue, em seu segundo capítulo, com a leitura crítica do tratamento normativo dos instrumentos de diálogo social de que vem se valendo a Corte, na busca de se identificar se há clareza em relação a seu potencial de contribuição.

Vencido esse quadro analítico, a obra voltou-se para o seu ponto central — o exame das cinco audiências públicas concretizadas pelo Supremo Tribunal Federal, com o intuito de testar a hipótese de que tais eventos possam se apresentar como real exercício do proclamado diálogo. Com ênfase na dimensão procedimental de cada uma delas, o que se objetiva é verificar qual o efetivo potencial de diálogo e de concurso à formação da decisão judicial de que se revestiu cada qual dessas oportunidades, num exercício crítico e construtivo em relação aos seus parâmetros de concretização.

Finalmente, em seu capítulo final, o que se empreende é uma análise crítica da aplicação/utilidade dos mecanismos de agregação de "muitas mentes", que recomendam a abertura dialógica, em relação ao incremento do potencial de acerto das decisões em matéria de *judicial review*. A preocupação envolve sempre — como já anteriormente externado em conclusões do Grupo de Pesquisa Novas Perspectivas na Jurisdição Constitucional — saber se o manejo de ferramentas supostamente destinadas à promoção do diálogo social se apresenta como elemento de legitimação da decisão judicial; ou, se ao contrário, se cuida de reconhecimento de constrições outras que se põe a essa mesma função de poder, que estaria a recomendar uma estratégia de ostentação de um aparato de diálogo — sem que o seu resultado revele efetivo condão de influir no agir do poder.

CAPÍTULO 1

PODER JUDICIÁRIO E SEU DESENHO INSTITUCIONAL – DESMISTIFICANDO O SUPOSTO DA ABSOLUTA INDEPENDÊNCIA

Constitui lugar-comum no debate em torno da legitimidade do *judicial review*, o argumento da neutralidade institucional do Judiciário — e portanto, de sua aptidão para a formulação de decisões a partir de critérios eminentemente técnicos, não sujeitos às pressões e paixões políticas. Com isso, se alcançaria um equilíbrio entre distintas fontes de legitimação de escolhas públicas, que deveriam envolver não só a de fundo representativo, mas igualmente outros atributos que se revelariam aptos a conferir legitimidade política ao agir do poder.[22]

Se o desenho institucional de cada qual dos braços formais de poder se apresenta como justificativa do modelo, que evoca ainda as lições de Montesquieu,[23] cumpre, como etapa primeira, avaliar se essa afirmação se revela verdadeira em relação ao Judiciário — especialmente tendo em conta as substantivas modificações que essa função veio a passar ao longo dos muitos séculos que nos separam da construção proposta pelo Barão de Bréde.

---

[22] Na defesa de seu *core case* em favor da jurisdição constitucional, Fallon (2008, p. 1736) evidencia que se a *judicial review* é construída para aprimorar a justiça substantiva das decisões políticas de uma sociedade, salvaguardando-as contra violações a direitos fundamentais, então ela não pode ser qualificada como injusta, nem tampouco identificada como politicamente ilegítima.

[23] Denunciando que o modelo preconizado por Montesquieu, de uma hermética divisão das funções governamentais se revela impossível de alcançar mesmo no cenário da Convenção da Filadélfia, consulte-se Carolan, que esclarece que algum nível de cooperação e coordenação entre os braços de poder se revelou sempre essencial a que o Estado pudesse atuar de uma forma minimamente coerente (CAROLAN, Eoin. *The new separation of powers*: A theory for the modern state. Oxford: Oxford University Press, 2009).

1.1 Separação de poderes – Judiciário e a desmistificação da neutralidade institucional

A concepção clássica de distribuição dos poderes do Estado, de acordo com as interpretações institucionais dadas ao pensamento de Montesquieu, imputa ao Poder Judiciário — entre outras, típicas ou atípicas — uma atribuição politicamente delicada: exercer controle de juridicidade sobre os atos praticados pelos demais poderes, prevenindo ou remediando desvios e abusos.[24]

O pressuposto que legitimaria essa atuação do Poder Judiciário seria o signo de neutralidade dos órgãos jurisdicionais, que se manifestaria de duas formas distintas: 1º) no seu modo de atuação, pelo uso imperativo de parâmetros técnicos para o desenvolvimento de sua função típica; e 2º) na sua blindagem institucional, viabilizado por garantias e imunidades[25] atribuídas àquela estrutura de poder político organizado e aos seus membros. Franquear-se-ia, assim, o independente exercício da função jurisdicional, sem comprometimento do equilíbrio político entre as instâncias que exercem o poder.[26]

A outorga no Texto Fundante de prerrogativas específicas em favor do Poder Judiciário decorre da manifesta necessidade de proteção das Cortes contra a constante pressão política, retroalimentando (supostamente) o ideal de neutralidade técnica. Na Constituição norte-americana, por exemplo, cumprem este papel defensivo prerrogativas como a irredutibilidade da remuneração e a vitaliciedade dos magistrados federais,[27] ainda que ladeadas por regras que exprimindo responsabilidade pelo exercício da função, autorizem punições tão graves como o *impeachment*. Não obstante essas garantias constitucionais

---

[24] Sobre o papel do Poder Judiciário nos regimes institucionais de separação de poderes inspirados em Montesquieu e sua evolução para o desempenho do *judicial review* em sua configuração contemporânea, confira: FEREJOHN, John; PASQUINO, Pasquale. Tribunais constitucionais como instituições deliberativas. Tradução de Julia Sichieri Moura. *In:* BIGONHA, Antonio Carlos Alpino; MOREIRA, Luiz (Org.). *Limites do controle de constitucionalidade*. Rio de Janeiro: Lumen Juris, 2009. p. 51-54.

[25] O arsenal de garantias e imunidades atribuídas ao Poder Judiciário e seus membros, decerto, varia no tempo e no espaço, mantendo, contudo a característica funcional comum de assegurar, nos limites das necessidades e conciliações políticas históricas, o exercício independente da função jurisdicional do Estado (DIEZ PICAZO, Luiz Maria. Notas de derecho comparado sobre la independencia judicial. *Revista Española de Derecho Constitucional*, v. 34, p. 19-34, 1992).

[26] MORAES, Alexandre de. *Direito constitucional*. 17. ed. São Paulo: Atlas, 2005. p. 455.

[27] Basicamente há 5 (cinco) modelos de seleção de Juízes estaduais: eleição partidária; eleição; seleção pelo mérito; nomeação pelo Poder Executivo; e nomeação pelo Poder Legislativo. Fonte: sítio "America.gov". Disponível em: <http://www.america.gov/st/usg-english/2008/May/20080522224217eaifas0.5669672.html>. Acesso em: 04 fev. 2011.

orientadas à independência do Poder Judiciário, vale lembrar que o art. 3º do documento de Filadélfia não assegurava expressamente a esse braço de poder político organizado a função de guarda da Constituição. No plano constitucional brasileiro, a Carta de 1988 repete essa mesma arquitetura institucional, municiando o Poder Judiciário com autonomia funcional, administrativa e financeira, além de assegurar aos magistrados vitaliciedade,[28] inamovibilidade e irredutibilidade de vencimentos,[29] prerrogativas a partir das quais o Judiciário se libertaria — abstrata e idealmente — de constrangimentos para o desempenho do controle de juridicidade dos atos praticados pelas demais esferas do poder.[30]

A experiência revela, no entanto, que as garantias formalmente insculpidas no texto constitucional, se de um lado podem assegurar um alto nível de autonomia institucional, de outro não se revelam suficientes de fato para avaliar plena independência judicial no enfrentamento de questões sensíveis, sejam de caráter político, sejam de cunho moral. Mais ainda, ampliada a esfera de atribuição do Judiciário, notadamente com um vasto sistema de controle de constitucionalidade, a judicialização do Texto Fundamental implica em submeter às Cortes, em todas as instâncias, temas relacionados à concretização de um documento político — e que, portanto, em alguma medida, políticos também o são[31] —; circunstância que atrai para o âmbito da prestação jurisdicional o conjunto de considerações e atores que é próprio das decisões políticas.

---

[28] A garantia da vitaliciedade não se dá infensa a críticas. Se de um lado ela afasta a politização partidária e outras forças orientadas a influenciar a decisão judicial, de outro lado ela contribui para dificultar a oxigenação das posições seguidas pela Corte Constitucional (PEIXOTO, Leonardo Scofano Damasceno; RAIS, Diogo. Críticas à morfologia subjetiva do Tribunal Constitucional brasileiro. *Revista Brasileira de Estudos Constitucionais – RBEC*, Belo Horizonte. ano 3, n. 12, p. 221, out./dez. 2009). Propondo a reconsideração dessa particular garantia, destaque-se a PEC nº 342/09, de autoria do Deputado Federal Flávio Dino, que sugere o mandato de onze anos aos Ministros do STF, com recomposição parcelar, vedada a recondução.

[29] Arts. 95 e 99 da CF.

[30] Barroso comunga da percepção de que a "forte interação do Judiciário com outros atores políticos relevantes" vergasta a tradicional concepção formalista e ideal de independência judicial (BARROSO, Luís Roberto. Constituição, democracia e supremacia judicial: direito e política no Brasil contemporâneo. Disponível em: <http://www.lrbarroso.com.br/pt/noticias/constituicao_democracia_e_supremacia_judicial_11032010.pdf>. Acesso em: 10 jan. 2011).

[31] É de García de Enterría a lição acerca da natureza substancialmente política do Tribunal Constitucional, na medida em que opera sobre uma norma penetrada por essa substância, na sua mais nobre expressão: "*...es pues, cierto que el Tribunal Constitucional decide conflictos políticos, pero lo característico es que la resolución de los mismos se hace por criterios y métodos jurídicos...*" (GARCÍA DE ENTERRÍA, Eduardo. *La constitución como norma y el Tribunal Constitucional*. 3. ed. Madrid: Civitas, 2001. p. 178).

A independência institucional, nesse quadro, não consiste em uma característica judicial que possa ser rígida e definitivamente suposta ou presumida[32] a partir tão somente das prerrogativas inerentes àquela estrutura de poder. Seu conteúdo e seus limites — endógenos e exógenos — são também ditados pelo jogo de forças verificado em uma complexa engrenagem política, movida por animações mantidas por partidos políticos, parlamentares, setores administrativos, grupos de interesses particulares de toda ordem e do próprio povo. Por tais razões, Ferejohn sugere que a independência do Poder Judiciário não deva ser medida ou avaliada por si mesma, mas sob a perspectiva das relações institucionais que cercam o exercício de suas funções.[33]

No plano dessas mesmas relações institucionais, pode-se apontar em terras norte-americanas, de início, uma certa variação do grau de independência impositiva do Judiciário que decorre do objeto da interpretação jurídica: quando se trata de atribuir sentido à legislação ordinária, a atuação judicial se percebe constrita pela possibilidade reversiva de que dispõe o Legislativo;[34] em se tratando, porém, da interpretação constitucional, a complexidade do exercício do poder constituinte derivado no modelo estadunidense dificulta a intervenção parlamentar, posicionando o Judiciário em vantagem para transformar suas posições em entendimentos cogentes

No plano do direito constitucional brasileiro, esses "temperamentos" à independência institucional se verificam igualmente presentes quando se tem em conta a dinâmica de operação entre os poderes. Assim, a reversão da decisão judicial pelo legislativo com a normatização de matéria já decidida pela Corte *em sentido contrário do que se decidiu* é uma possibilidade do exercício da função legislativa, o que não exclui, por sua vez, a possibilidade de um segundo momento de controle judicial, agora recaindo sobre a nova regra jurídica.[35]

Operando-se, de outro lado, a interpretação constitucional pela Suprema Corte brasileira, no exercício da função de guarda da

---

[32] WHITTINGTON, Keith. Legislative sanctions and the strategic environment of judicial review. *International Journal of Constitutional Law*, v. 1, n. 3, p. 446-474, 2003. p. 446.

[33] FEREJOHN, John. Independent judges, dependent Judiciary: explaining judicial independence. *Southern California Law Review*, v. 72, n. 2, p. 355-384, 1999. p. 353.

[34] E, na hipótese brasileira, também o Presidente da República, por força da edição de Medidas Provisórias conversíveis em Lei.

[35] Como recorda Barroso (2011, p. 34), "após haver cancelado a Súmula nº 394, excluindo do *foro privilegiado* os agentes públicos que deixassem o exercício da função, o STF invalidou lei editada pelo Congresso Nacional que restabelecia a orientação anterior. O acórdão considerou haver usurpação de sua função de intérprete final da Constituição" (ADIn nº 2.797, Rel. Min. Sepúlveda Pertence, *DJ* 19 dez. 2006).

Constituição que lhe é próprio, têm-se igualmente por possível a "correção" da decisão judicial, pela via da emenda constitucional, entendida nessas hipóteses como instrumento de explicitação de sentido da Carta de Outubro.[36]

É justamente neste ambiente da interpretação constitucional — e dos pontos de tensão entre os poderes que dela podem decorrer — que assumem importância as sanções políticas e os instrumentos de pressão ilegítimos[37] esgrimidos pelos setores políticos e grupos de interesses contra as Cortes. Forma-se, pois, um jogo de forças que, de um lado, evidenciam o risco ainda presente de debilitação institucional do Judiciário e, de outro, o levam a ajustar ou acomodar suas posições segundo as preferências dos demais atores políticos, antecipando reações e evitando confrontos que possam fragilizar a independência judicial.

A deflagração de sanções políticas contra o Judiciário, decerto, consiste em um movimento brusco e invulgar, cujos efeitos, ademais, não corrigiriam a decisão judicial produtora da insatisfação política. A possibilidade de seu manejo, todavia, bastaria, segundo os atitudinalistas,[38] à formação de uma consciência de automoderação

---

[36] Também essa interação entre poderes não se revela pacífica, na medida em que, ainda, em matéria de exercício do poder constituinte reformador segue possível o controle de constitucionalidade, que pode se ver em alguma medida matizado pelos efeitos desse "confronto institucional": após o julgamento do RE nº 511.961, em que o STF declarou não recepcionado pela Constituição Federal de 1988 o inc. V do art. 4º do Decreto-Lei nº 972, de 17 de outubro de 1969, que exigia, para o registro de jornalista no Ministério do Trabalho e Emprego, a apresentação de "diploma de curso superior de jornalismo, oficial ou reconhecido registrado no Ministério da Educação e Cultura ou em instituição por este credenciada, para as funções relacionadas de *a* a *g* no artigo 6º". O Ministro Gilmar Mendes teceu críticas à iniciativa parlamentar direcionada à reversão do entendimento por via de Proposta de Emenda Constitucional, declarando: "Acho muito curioso que depois de uma decisão do Supremo Tribunal Federal venha sempre uma proposta de emenda constitucional, tivemos isso em diversos casos, como a PEC dos Vereadores e a PEC dos jornalistas. [...] Não acredito que esse tipo de modelo seja compatível com a Constituição". Disponível em: <http://www1.folha.uol.com.br/folha/brasil/ult96u663994.shtml>. Acesso em: 11 jan. 2011.

[37] Não são inadequadas todas as pressões sobre o Judiciário; Ferejohn enumera uma série de hipóteses que evidenciam interferências legítimas sobre o Poder Judiciário, materializando instrumentos de pressão politicamente aceitáveis: "the other branches may legitimately 'interfere' with the judiciary as a whole by 'packing' courts with new judges, regulating their jurisdiction, or enacting general laws that overturn judicial interpretations of statutes" (FEREJOHN, John. Independent judges, dependent Judiciary: explaining judicial independence. *Southern California Law Review*, v. 72, n. 2, p. 355-384, 1999. p. 355).

[38] Trata-se de uma perspectiva teórico-analítica de pretendido rigor científico adotada nos estudos sobre as decisões judiciais americanas. Segundo Segal, o modelo atitudinal sustenta que os juízes decidem os casos à luz de seus valores ideológicos contrapostos aos fatos apresentados pelo caso. Esse modelo quando aplicado à abordagem teórica conhecida como "comportamento judicial" — que estuda o que os juízes fazem e porque o fazem —, permite concluir que, na Suprema Corte norte-americana, os votos são fortemente

(*self-restrainting*) dos magistrados. Noutras palavras, as sanções políticas não teriam o condão de reverter a decisão judicial proferida, no caso concreto, mas seriam determinantes para um recorte autoimposto das possibilidades de prestação de jurisdição, estimulando o reequilíbrio de forças interinstitucional.

As intercessões políticas verificadas na construção das decisões judiciais, designadamente no campo do exercício da *judicial review*, já foram alvo de diversas abordagens doutrinárias, uma vez mais tendo por perspectiva a observação do cenário norte-americano.

Graber[39] alvitra que as relações entre Legislativo e Judiciário podem envolver ações concertadas, vislumbrando-se a possibilidade do beneplácito, do primeiro em relação ao segundo, para a tomada da decisão em temas que sejam politicamente custosos — a interpretação constitucional confiada ao Judiciário, longe de materializar uma inter-venção indesejada na esfera de atuação do Legislativo, libera o órgão político da necessidade de assumir um posicionamento explícito em matérias de alta sensibilidade, deixando os parlamentares a salvo de críticas.[40]

Ferejohn aponta outra intercessão presente nos governos demo-cráticos, como a mobilização pelos líderes políticos do sentimento popular contra os juízes. Conforme a preocupação originária dos *Framers*, a atuação conjunta dos Poderes eleitos e o povo configuraria enorme fonte de ameaças ao Poder Judiciário; ao juiz, normalmente, não é dada a possibilidade nem capacidade de responder aos ataques contra suas decisões.[41]

Hirschl,[42] por seu turno, examinando o fenômeno mundializado de expansão da jurisdição constitucional — envolvendo inclusive

---

influenciados pela ideologia professada individualmente por seus Justices (SEGAL, Jeffrey A. Judicial Behavior. *In*: WHITTINGTON, Keith E.; KELEMEN, R. Daniel; CALDEIRA, Gregory A. (Ed). *The Oxford Handbook of Law and Politics*. New York: Oxford University Press, 2008. p. 24-26).

[39] GRABER, Mark A. The nonmajoritarian difficulty: legislative deference to the Judiciary. *Studies in American Politcal Development*, v. 7, p. 35-73, Spring 1993.

[40] No mesmo sentido, Keith Whittington sustenta que, sob algumas circunstâncias, especial-mente em matérias de grande complexidade política e jurídica, os setores estatais legislativo e administrativo podem, de fato, encorajar ou tacitamente apoiar o exercício, em proporções amplas e profundas, do *constitutional review* (WHITTINGTON, Keith. Interpose your friend-ly hand: political supports for the exercise of judicial review by the United States Supreme Court. *American Political Science Review*, v. 99, n. 4, p. 583-596, nov. 2005).

[41] FEREJOHN, 1999, p. 360.

[42] HIRSCHL, Ran. The Judicialization of Mega-Politics and the Rise of Political Courts. *Annual Review of Political Science*, v. 11, n. 1, 2008.

questões políticas de grande relevância — sustenta a influência de um apoio "de cima para baixo" da esfera política, que se afiguraria como uma necessária precondição à judicialização das questões puramente políticas, a formar uma espécie de protagonismo judicial consentido.

As atenções, todavia, para os fins do presente estudo, serão concentradas sobre as contribuições científicas proporcionadas por Friedman[43] e Bateup,[44] que sistematizam, em análise de cunho descritivo, os possíveis vetores de constrição e influência sobre o exercício da jurisdição constitucional, desconstruindo o mito de que a blindagem institucional contida no Texto Fundamental possa se revelar suficiente a assegurar uma atuação inteiramente neutra. A constatação é relevante para que se tenha em conta que a legitimação da jurisdição constitucional não se pode ter por presumida a partir de um simples desenho institucional, mas há de ter em conta as estratégias de relação institucional e de construção do *decision making* desenvolvida pela Corte.

1.2 *Constrições de ordem institucional incidentes sobre a função jurisdicional*

O tratamento doutrinário convencional conferido ao *judicial review* — sustenta Friedman — é predominantemente modelado em termos estritamente normativos: cuida-se do *modo* como os juízes devem decidir os casos submetidos à sua apreciação, sobretudo quando a matéria *sub judice* corresponde ao trabalho ou à atividade finalística de outras instituições. Três dogmas ainda ocupam espaços privilegiados no domínio cognitivo ordinário: a separação dos poderes, a independência dos magistrados e a segregação entre direito e política.[45]

O autor americano propõe uma nova perspectiva para o estudo da *judicial review*, a que chama de prática:[46] o foco da abordagem

---

[43] FRIEDMAN, Barry. The politics of judicial review. *Texas Law Review*, v. 84, n. 2, p. 257-337, Dec. 2005. O seu pensamento estará sistematizado na obra *The Will of the People* (FRIEDMAN, Barry. *The will of the people*: how public opinion has influenced the supreme court and shaped the meaning of the constitution. New York: Farrar, Starus and Girous, 2009).

[44] BATEUP, Christine. The Dialogic Promise: Assessing the Normative Potential of Theories of Constitutional Dialogue. *Brooklyn Law Review*, v. 71, 2006; *NYU Law School, Public Law Research Paper*, n. 05-24

[45] O desenho institucional idealizado pela *normative scholarship*, em cujo bojo a separação de funções se destina a imunizar os ambientes em que cada uma das estruturas especializadas hão de desenvolver tarefas específicas, usualmente atribui ao Poder Judiciário o exercício de uma atuação contramajoritária (FRIEDMAN, 2003, p. 2596).

[46] A palavra utilizada no original em inglês é *positive*, mas o contexto evidencia que o sentido é pragmático, uma visão orientada à efetiva realidade dos fatos e relações institucionais

desloca-se de como *deve ser* o comportamento dos magistrados para examinar como, *na prática*, ele se manifesta. A proposta teórica tem em conta a prática judicial e investiga que motivações e forças de influência operam sobre o exercício da atividade jurisdicional — especialmente no campo da interpretação constitucional — com destaque para os vetores de pressão política e para a sujeição do magistrado à animação ideológica. A reboque, surgem questões como a conciliação entre o papel dos órgãos jurisdicionais, enquanto intérpretes constitucionais, e a vivência democrática; além da força da opinião pública como elemento de constrição judicial. Sua conclusão é de que a teoria constitucional de vezo normativo tende a se revelar empobrecida, caso siga a ignorar as forças políticas que cercam o exercício da *judicial review*.

Bateup, adepta ao mesmo esforço teórico orientado à análise da prática judiciária, percebe que, quando instados a julgar matéria constitucional sensível, os juízes não estariam verdadeiramente livres,[47] dados os constrangimentos desencadeados por diversos ingredientes acumulados no ambiente em que operam.[48]

Uma possível resposta política mais direta à livre atuação no cenário judicial brasileiro seria a mobilização legislativa destinada à aprovação de Emenda Constitucional que contradiga o decidido pelo Tribunal — hipótese segura e formal, mas trabalhosa, de equilíbrio de forças.[49] Existem, no entanto, uma série de outras ferramentas

---

identificados no exercício do *judicial review*. Enquanto a abordagem normativa se ocupa do exame de como os Tribunais devem agir, justificando seus poderes e prerrogativas, a análise pragmática descreve como, de fato, as Cortes se comportam e por que o fazem de tal maneira, sob influência de teorias oriundas da ciência política e de estudos empíricos (FRIEDMAN, 2004, p. 1272).

[47] Não fique o leitor sob a falsa impressão de que esse item — fragilidades reais da independência do judiciário — seja localizado, mais próprio à realidade americana, tendo em conta a garantia formal de independência em terra *brasilis*, em vista da disciplina constitucional dessa função de Estado e as garantias próprias aos integrantes da carreira. Os fatores de risco à independência, aludidos por Bateup, são mais sutis, têm em conta que o judiciário não se fecha em torno de sua exclusiva realidade técnica, mas tem em conta as relações de toda natureza — políticas, inclusive — que se instauram ou desenvolvem, a partir de seu pronunciamento originariamente técnico.

[48] "Supreme Court Justices do not decide cases on their own, uninfluencied by other forces. Rather, they act in a complicates milieu, in which the preferences of many other actors will have some bearing on how cases are decided" (FRIEDMAN, 2004, p. 1273). Esse conjunto de forças de pressão e influência, como se observará do desenrolar do presente estudo, sensibilizam o Judiciário para a necessidade de seleção estratégica de posturas e resultados.

[49] No universo de cogitação brasileiro, a "correção legislativa" das decisões do STF é fenômeno que se apresenta com relativa frequência, valendo a referência, a título de mera ilustração, ao tema da progressividade do IPTU, proclamada inconstitucional pelo STF, e objeto da Emenda Constitucional nº 29/00 destinada especificamente a superar o óbice apontado pela Corte àquela modalidade de tributação

disponíveis para a persuasão dos juízes — a mais flagrante e drástica delas, sob o prisma do balanceamento interinstitucional, seria a recusa direta ao cumprimento da ordem judicial.[50]

De outras tantas sanções ou possibilidades reativas se poderia cogitar, supondo-se um ataque institucional ao Judiciário, quando uma decisão ou posicionamento deste Poder desloque ou arruíne as posições tidas como politicamente aceitáveis pelos outros poderes: reformas que reduzam ou esvaziem os espaços de atuação jurisdicional em áreas controvertidas, bloqueio às reivindicações salariais dos juízes, redução orçamentária para as despesas do Judiciário, investidas de *impeachment* contra magistrados, retardamento na nomeação e aprovação de membros das Cortes, e favorecimento seletivo aos juízes que sigam entendimentos constitucionais mais simpáticos aos setores político-administrativos.

Se não podem reduzir nominalmente os valores remuneratórios dos magistrados, os parlamentares[51] podem bloquear no sistema brasileiro reajustamentos salariais,[52] provocando paulatina corrosão vencimental pela ação econômica da inflação.

Na rotina do desempenho de suas funções, os magistrados podem ser impelidos a exercer suas atividades em precárias condições ambientais e com débil apoio humano-logístico, pela ação parlamentar de restrição ou reprovação orçamentária, de oposição à criação de cargos e carreiras de apoio, etc. No modelo constitucional brasileiro, o Poder Judiciário dispõe da autonomia para a elaboração de proposta orçamentária,[53] que, todavia, depende de aprovação pelas duas Casas do Congresso Nacional.[54] O efetivo manejo dos recursos correspondentes

---

[50] Exemplos desta natureza na história política norte-americana são reportados por Friedman (2000).

[51] Segundo a ordem constitucional brasileira, embora caiba ao Supremo Tribunal Federal a iniciativa para a definição em Lei dos subsídios dos membros do Poder Judiciário, sua aprovação depende de deliberação legislativa, iniciada na Câmara dos Deputados, e sanção do Presidente da República (art. 66, *caput*, CF).

[52] A dificuldade na aprovação de incremento remuneratória, pela via legislativa, pode explicar o teor do Projeto de Lei nº 7.749/10, submetido pelo Supremo Tribunal Federal à apreciação da Câmara dos Deputados em 12 de agosto de 2010, no sentido de viabilizar, a partir do ano financeiro de 2012, o reajustamento automático dos subsídios dos membros do Supremo Tribunal Federal, dispensando a remessa anual de Projetos de Lei ao Congresso Nacional, sem prejuízo de uma segunda ferramenta de revisão vencimental, quadrienal, a partir de 2015, justificada pela necessidade de manutenção do poder real de compra dos subsídios.

[53] Art. 99, §1º CF.

[54] Art. 166 CF.

às dotações orçamentárias aprovadas, ademais, passa ainda pelo controle do Poder Executivo, até a liberação das verbas.[55]

Numa visão macroscópica, o legislativo enquanto constituinte derivado pode ainda atuar para esvaziar ou alterar significativamente o alcance do poder jurisdicional, modificando competências, restringindo o manejo de recursos processuais, ou retirando determinadas hipóteses da apreciação judicial.[56]

Esse *separation-of-powers game*, portanto, apresenta nuanças que oscilam do plano casuístico para uma órbita institucional: ao nível dos casos individualmente considerados, induz às instâncias decisórias que sopesem, como antecedente lógico — ainda que não explicitado — à própria discussão específica de mérito sobre a questão constitucional controvertida,[57] custos e benefícios, revezes e proveitos, com expressivos efeitos no comportamento dos magistrados.

Tais ferramentas de pressão oferecidas às demais instituições de poder político organizado, apesar de bruscas e flagrantemente erosivas à independência do Judiciário, se prestariam ao revide às imposições judiciais tidas por politicamente inaceitáveis. Conquanto não sejam frequentemente manejadas, operam como fontes permanentes de constrangimento: os Tribunais conformam sua atuação, cientes de que quanto maior o distanciamento em relação às preferências e orientações políticas dos setores governamentais, maior o risco de implementação da reação institucional.[58]

Neste ponto, pode-se compreender como se desenvolve o processo de "antecipação e medição de consequências", em que os magistrados tentam sopesar, diante da matéria controvertida, que nível de riscos institucionais cada hipótese decisória alvitrada envolve. Um dos efeitos possíveis é uma opção estratégica pela automoderação por

---

[55] Art. 168 da CF e Lei Complementar nº 101/00 (Lei de Responsabilidade Fiscal). A preocupação do STF com a imperatividade dos repasses duodecimais previstos no art. 168 da CF levou a Corte a sedimentar o entendimento de que se trata de uma "garantia de independência, que não está sujeita à programação financeira e ao fluxo da arrecadação", merecendo prioridade na movimentação orçamentária (MS nº 21.450-MT, Rel. Min. Octávio Gallotti, *DJ* 20.04.1992 e, mais recentemente, MS nº 23.267-3, Rel. Min. Gilmar Mendes, *DJ* 16.05.2003).

[56] Como se fez, na redação original do art. 86 da CF, ao fixar o Senado Federal como juízo natural para o julgamento de crimes de responsabilidade praticados pelo Presidente da República.

[57] Impende destacar, neste campo, o trabalho de Ferejohn, buscando legitimar e justificar a ideia de independência do Judiciário como blindagem aos diversos instrumentos de pressão encontrados no ambiente político em que atua (FEREJOHN, 1999, p. 353-384).

[58] Das reações e influências institucionais que se dirigem às Cortes, embora com maior foco à justificação filosófica da distribuição e exercício do poder, também tratou Leal (2011).

CAPÍTULO 1
PODER JUDICIÁRIO E SEU DESENHO INSTITUCIONAL – DESMISTIFICANDO O SUPOSTO DA ABSOLUTA INDEPENDÊNCIA | 27

parte do Judiciário;[59] tanto maior quanto mais intensa for a sensibilidade política do tema decidendo, e mais ampla a capacidade de reação das demais estruturas de poder político organizado.

1.2.1 Os benefícios políticos da convergência judicial-parlamentar

Há, como bem nota Whittington,[60] determinantes interesses do Legislativo quanto aos benefícios de um alinhamento para com a convergência do Judiciário às suas orientações.

Sob um ponto de vista imediatista, a existência de um Judiciário formalmente independente que ratifique as opções legislativas é significativa e relevante para consolidar e estabilizar as empreitadas políticas perseguidas, com segurança e visibilidade para a clientela eleitoral.

Estrategicamente, por projeções de médio prazo, a formação de uma convergência com um Judiciário formalmente independente apresenta vantagens, tendo em vista a alternância dos cargos parlamentares a cada legislatura: ao Legislativo atual interessa a sedimentação de um Judiciário independente, que se alinhe às suas referências políticas e constitucionais, como mecanismo de controle de riscos, na hipótese de fracasso eleitoral dos atuais legisladores que acarrete uma nova configuração política no Congresso, nas legislaturas vindouras. A costura da convergência, enfim, mitigaria os danos de uma futura derrota eleitoral.

Se uma Corte institucionalmente independente e politicamente alinhada pode, episodicamente, infligir restrições ou vetos às intenções políticas dos presentes legisladores, alenta-os, ao menos, a expectativa de restrições ainda mais ríspidas às legislaturas posteriores, caso controladas por facções partidárias diferentes das atuais.

Com se bem vê, a hipótese de tolerância do Legislativo à consolidação de um Judiciário independente, ao qual se franqueia a última palavra na interpretação constitucional e no controle de legalidade, está intimamente relacionada com os receios de perda de força eleitoral e política, em uma projeção *ad futurum*.

---

[59] Sobre a lógica estratégica que move o Poder Judiciário e sua decorrente autocontenção, descrevendo os pioneiros trabalhos de Walter Murphy acerca do tema. confira-se Epstein e Knight (EPSTEIN, Lee; KNIGHT, Jack. Walter F. Murphy: the interactive nature of judicial decision making. *In*: MAVEETY, Nancy. *The pionners of judicial behavior*. Michigan: University of Michigan Press, 2006).

[60] WHITTINGTON, 2003, p. 450.

Também sob o prisma eleitoral, não se descarta seja estratégica a opção de delegar o enfrentamento de matérias politicamente sensíveis ao Poder Judiciário: para o controle dos riscos políticos e a gestão da imagem política, pode interessar ao legislador que determinado problema jurídico seja disciplinado ou resolvido na esfera judicial, esquivando-se de assumir posturas que o comprometam diante de seu eleitorado e mantendo-se isento de responsabilidade sobre a solução da questão vexatória.[61]

Essa mesma lógica norteia a postura do Legislativo em outras tantas relações de poder: o trabalho de regulamentação de certa matéria pode ser delegada aos órgãos do Poder Executivo, ou a fixação de diretrizes financeiras ou macroeconômicas pode ser reservada a um Banco Central dotado de independência técnica. Em ambas hipóteses, o resultado das atividades não atingirá diretamente os outorgantes legislativos.

As relações do Legislativo com as outras esferas de poder, nesta linha, também têm seu peso na análise de conveniência da manutenção da independência do Judiciário, sobretudo quando situada em uma estrutura federativa de Estado. O controle judicial se espraia, confortavelmente, para toda sorte de atos administrativos, atingindo desde os atos centralizados do Executivo, passando pela Administração Pública indireta, até alcançar, noutro plano, os focos de poder estadual e local.

Posicionando-se o Judiciário como independente e neutro, polo decisório de disputas e contendas constitucionais entre Estados, e entre estes e a União, favorece-se o equilíbrio de forças na estrutura federativa e estimula-se a solução dos impasses pelas vias consensuais do debate político e da barganha.

---

[61] Esse padrão de comportamento do Legislativo já foi antes identificado por Dixon, quando da reflexão sobre as causas da inércia legislativa, como o *"burden of inertia"*, que traduz um juízo político de que os ônus da ação podem se revelar — em temas sensíveis ao eleitorado — mais graves do que aqueles da omissão; nesses contextos, o Legislativo se retrai, e deixa ao Judiciário a oportunidade de intervir, preservando-se do desgaste (DIXON, Rosalind. Creating dialogue about socioeconomic rights: strong-form versus weak-form judicial review revisited. *International Journal of Constitutional Law*, v. 5, n. 3, p. 391-418, 2007). O exemplo mais candente na crônica recente da jurisprudência brasileira é a omissão legislativa na regulação ao direito de greve dos servidores públicos, que declarada várias vezes pelo Judiciário, não se revelou suficiente a mover o Legislativo à superação do *burden of inertia*, provocando por sua vez as decisões paradigmáticas nos MI nº 670 e 712 que determinaram a aplicação das normas reguladoras da greve na iniciativa privada como mecanismos superador dos efeitos nefastos da omissão legislativa sobre o exercício desse direito fundamental.

1.2.2 As desvantagens políticas da desarmonia entre legislativo e judiciário

Uma premissa, para que se avance neste tópico, há de ser observada: não se cogita de regimes de plena convergência ou desinteligência entre os segmentos políticos e o Judiciário. A questão em que se põe a desarmonia entre Legislativo e Judiciário, em um contexto de variação e oscilação entre vitórias e fracassos, diz respeito ao peso político da divergência nos temas de alta sensibilidade e relevância — afinal, o conflito dificulta a realização dos projetos políticos em que o Legislativo depositou suas forças.

O problema, destarte, não é meramente quantitativo — não se resume ao número de decisões judiciais que embargam ou nulificam opções do legislador. Mesmo quando, numericamente, não sejam frequentes as divergências, uma Corte que conjugue ativismo com supremacia pode representar um incômodo estorvo político e um grave risco democrático.[62]

Por isso é que no âmbito do controle das políticas públicas o posicionamento judicial assume tamanha relevância: nesta seara, quanto maior a importância depositada no projeto político, maior será o infortúnio causado pelo obstáculo imposto pela decisão judicial. Whittington propõe, neste ponto, uma equação segundo a qual quanto maior o número de políticas públicas rejeitadas pelas Cortes e quanto maior for a importância de tais políticas para as plataformas desenvolvidas pelos legisladores, maior será o custo político do exercício independente do *judicial review*[63] e, por conseguinte, maior será a propensão ao manejo de sanções políticas contra o Judiciário.

A contribuição teórica ofertada por Whittington nos permite perceber que a definição pelo apoio ou repulsa à independência do Judiciário resulta de uma medição estratégica de custos e benefícios do controle judicial verificado em cada cenário político-institucional.

No jogo da separação dos poderes, portanto, não são comuns movimentos impulsivos, como respostas a decisões judiciais casuisticamente consideradas. As forças em confronto são estimuladas ou inibidas racionalmente, a partir de uma análise conjuntural da interação percebida entre as Cortes e os órgãos político-deliberativos, calculando-se o proveito e a inconveniência de cada iniciativa.[64]

---

[62] No mesmo sentido a advertência de Bickel: "Judicial review may, in a larger sense, have a tendency over time seriously to weaken the democratic process" (BICKEL, 1986, p. 21).

[63] WHITTINGTON, 2003, p. 463-464.

[64] Talvez essa medição racional explique a timidez do Congresso canadense na utilização da prerrogativa constitucional de reversão (*overruling*) das decisões da Suprema Corte do

Na história constitucional norte-americana, noutro giro, mesmo mantido o paradigma de supremacia judicial no exercício do *judicial review*, identificam-se mobilizações políticas destinadas a sancionar ou enfraquecer institucionalmente a Suprema Corte, como a manipulação da sua composição, a alteração de seu rol de competências e investidas de *impeachment* contra *Justices*,[65] *como a recente facilitação de seu processamento.*[66]

Para o Legislativo, em qualquer hipótese, o manejo das ferramentas de pressão e sanção política contra o Poder Judiciário lhe implica dissabores relevantes, tais como a perda das conveniências de que dispunha enquanto "aliado" das Cortes. Ademais, a implementação das medidas não prescinde de uma elevada mobilização política, o que significa dizer que as energias despendidas para a reunião de esforços deixam de ser utilizadas em outras frentes de atuação política, descarrilando a agenda legislativa.

Da análise de contexto resulta, pois, a opção pelo apoio ao desempenho, independente do controle judicial ou, em sentido oposto, pela aplicação de instrumentos de sanção política a alvejar a higidez institucional do Poder Judiciário, de acordo com o proveito e o risco de cada postura.

Não se cogita com as observações até o momento desenvolvidas de asseverar opere o Judiciário em completo engessamento ou subserviência em relação aos demais poderes; de outro lado cumpre reconhecer que a missão de atribuição de sentido à Constituição é desempenhada em ambiente que não se revela — como classicamente se sustentava — absolutamente neutro em relação ao ambiente político.

Mas não só a seara do poder político organizado pode despertar a atenção como elemento influente na cunhagem da decisão judicial: também a sensibilidade para com a sociedade pode ser um vetor a determinar efeitos importantes na decisão, como se passa a demonstrar.

Canadá sobre matéria constitucional: embora possam legitimamente superar decisões judiciais politicamente indesejáveis, os parlamentares canadenses têm optado pela reverência à orientação judicial, para não minar a independência institucional do Judiciário, que se lhes afigura politicamente interessante.

[65] Sobre o tema, ver NAGEL, Stuart S. Court-Curbing Periods in American History. *Vanderbilt Law Review*, v. 18, p. 925-944, 1965.

[66] Ferejohn noticia a adoção pelo Senado norte-americano da prática de julgar o *impeachment* na Comissão, no lugar do Plenário. "Recent developments may have altered this calculus somewhat — particularly the Senate's adoption of the practice of trying impeachments in committee rather than tying up the full Senate" (FEREJOHN, 1999, p. 359).

1.3 Constrições de ordem social incidentes sobre a função jurisdicional

Ao lado das ferramentas institucionais de pressão e constrangimento, que já se demonstrou recaem sobre a atuação jurisdicional, a literatura mais recente tem ainda destacado relevantes forças oriundas da opinião pública como fator igualmente influente no comportamento dos magistrados.

Bateup[67] aponta estudos que indicam visível tendência de filiação imediata ou a médio prazo dos Tribunais ao sentimento popular dominante.[68] Se de um lado essa tendência pode se apresentar como a busca de legitimação das suas próprias decisões, de outro lado não se pode desconhecer — na perspectiva prática do processo de formulação da escolha judiciária — que a decisão da Corte pode se revelar excessivamente sensível à opinião da maioria, ressuscitando o velho tema da importância sob o prisma democrático de uma arena em que o critério não se resuma ao clamor (real ou suposto) das multidões.

Em idêntica orientação, Friedman constata, a partir do exame empírico das decisões da Suprema Corte norte-americana, uma relação de congruência entre a opinião pública e o resultado das deliberações judiciais, designadamente em casos de alta mobilização popular.[69] A tendência de abertura do Judiciário ao constitucionalismo popular[70] mobiliza a Corte para, evitando dissensos duradouros, perseguir uma evolução jurisprudencial que a (re)conduza à filiação com o sentimento popular dominante.[71]

---

[67] BATEUP, 2007, p. 24.

[68] Um dos estudos citados aponta a convergência entre os julgamentos da Suprema Corte e a opinião prevalecente no público norte-americano sobre temas relacionados a controle de natalidade, segregação escolar, papel da mulher na sociedade, relações inter-raciais e aborto, propondo a confirmação da hipótese de que o Judiciário, ao contrário de uma livre atuação contramajoritária, prefere, em temas de alta controvérsia moral, alinhar-se à maioria (BARNUM, David G. The Supreme Court and public opinion: judicial decision making in the post-new deal period. *Journal of Politics*, v. 47, p. 652-666, 1985).

[69] Friedman (2004, p. 1279) identifica na opinião pública um importante freio não apenas à atuação do Poder Judiciário, como também aos demais segmentos políticos envolvidos nas controvérsias.

[70] A expressão tem como uma de suas principais referências a utilizada na obra de Kramer (2004). Este mesmo autor esclarece, todavia, que não existe uma única teoria do constitucionalismo popular, advertindo para a possibilidade de construção de diversos arranjos institucionais dedicados à organização do funcionamento de uma ideia-chave que atribui à comunidade o poder de controlar o significado da Constituição (KRAMER, 2009, p. 87-91). Não surpreendem, portanto, variações teóricas como a percebida em Tushnet (2006) e Whittington (2006).

[71] Bateup ilustra o poder de influência da opinião pública com um exemplo, verídico, relacionado à controvérsia sobre o aborto nos Estados Unidos: uma decisão original da

Motivações como o medo de rebeliões populares, a busca de popularidade (*diffuse support*)[72] — que refugia e protege o Judiciário contra eventual cerco político, em caso de descontentamento dos demais setores político-administrativos — e o incremento da legitimação democrática da instituição induzem o intérprete constitucional a conclusões alinhadas com a adesão popular.[73] Bateup assevera que, ao longo do tempo, a Suprema Corte dos Estados Unidos logrou acumular expressivos índices de credibilidade e apoio popular, inabalável por alguma decisão pontual e isolada sobre determinada matéria.[74] A ruptura dessa sensação de suporte difuso somente ocorreria com uma sequencia significativa de decisões prolatadas em franco confronto com a opinião pública.

Da conjunção dos fatores arrolados até aqui, exsurge a nova concepção sobre o papel do *judicial review* norte-americano, que supera o fetiche da atuação independente, vocacionada à proteção contramajoritária, para ser compreendido como componente de uma complexa engrenagem de busca de sentido constitucional, animada por diversos outros fatores de intercessão e influência.[75]

Suprema Corte catalisou um acirrado debate nacional sobre o tema, fomentando a mobilização de grupos e o amadurecimento das discussões. Com o passar do tempo, a sequência de decisões da Suprema Corte gradualmente direcionou-se ao alinhamento com a corrente de pensamento majoritária na comunidade, o que revela manifesta influência da opinião pública sobre o processo de interpretação constitucional.

[72] A elaboração do conceito de *diffuse support*, como reserva de impressões favoráveis que, conferindo ao Judiciário alento popular, minimiza os efeitos indesejados de decisões pontuais que provoquem descontentamento, é atribuído aos trabalhos de David Easton (FRIEDMAN, 2003, p. 2615).

[73] Friedman (2003) sustenta que, normalmente, a adesão do Judiciário à preferência popular não se realiza através de deferência imediata à vontade pulsante de ocasião, mas se constrói como produto de contínuas absorções dialógicas, mediadas, em expressiva medida, pelos veículos de mídia e imprensa, que filtram e apresentam as informações ao grande público, que, de outra maneira, a elas não teriam acesso adequado.

[74] Abordando uma curiosa faceta da formação do sentimento popular em relação a uma determinada temática, consulte-se o texto de Donnelly, explicitando o papel dos livros didáticos de história norte-americana oferecidos nas escolas públicas, na descrição de uma importância da Suprema Corte em momentos marcantes daquela sociedade — disso decorrendo uma tendência à consolidação de uma visão de apoio àquele órgão judicial, cujo papel se "aprende na escola" seja relevante na construção da América em que aqueles alunos e cidadãos vivem (DONNELLY, Tom. Popular constitutionalism, civic education and the stories we tell our children. *The Yale Law Journal*, v. 118, n. 5, p. 948-1001, 2009).

[75] Essa nova concepção não quer dizer que a Suprema Corte estará sempre alinhada com a opinião pública, como observa Friedman. Os *Justices* nem necessitam fazê-lo, nem necessariamente o fazem, mas são sensíveis ao que a opinião pública deseja. Citando casos recentes como o que tratou da manutenção da proibição da prática de oração nas escolas (Santa Fe Indep. Sch. Dist. v. Doe, 530, U.S. 290 – 2000), quando as pesquisas de opinião indicavam que 75% da população estava a favor da liberação dessa prática. No caso da queima da

Na visão de Bateup, o exercício da função jurisdicional nas Cortes Constitucionais passa a envolver um vetor de diálogo que compreende duas distintas possibilidades de interlocução: 1. com as forças operantes nas relações institucionais travadas entre o Judiciário e os órgãos políticos, como instrumentos potenciais de freio ou contrarreação à atuação jurisdicional; e 2. com a sociedade, reconhecida em si como um fator de pressão incidente sobre a decisão judicial traduzido pela opinião pública.

Essa desmistificação do suposto cenário exclusivamente técnico no qual se construiria a decisão judicial confere novo tempero à cogitação quanto às fórmulas dialógicas de construção da decisão: a relevância das decisões judiciais passa a envolver seu potencial de alimentar ou estimular o aprofundamento de um debate de mais amplo alcance sobre a compreensão constitucional, a envolver tanto os segmentos políticos como os segmentos sociais em geral.

Além de incitar as discussões e propiciar o amadurecimento das reflexões axiológicas em ampla proporção comunitária, o Judiciário acaba absorvendo o *feedback*, movendo-se na direção da revisão, aperfeiçoamento ou remodelamento da jurisprudência constitucional. A retroalimentação entabulada pelos diálogos, em um sustentável equilíbrio constitucional, pode impulsionar também novas demandas políticas e legislativas, debatendo-se e delineando-se novas regras e práticas políticas de concretização constitucional. Todas as esferas de poder, enfim, concorrem e se expõem aos diálogos — seja aqueles travados com outras instâncias formais de poder, seja aquele que elege como interlocutor a sociedade.

A teoria dos diálogos, portanto, cumpre um relevante papel explicativo quanto ao cenário operacional mais recente do sistema de *judicial review* norte-americano, descrevendo como, na prática, se desenvolve a dinâmica de influências institucionais em temas de alta relevância pública e aguda controvérsia moral.[76] Quanto maiores o acirramento

---

bandeira americana (Texas v. Johnson, 491 U.S. 397 – 1989), a Suprema Corte sustentou que tal ato era forma de expressão protegida pela 1ª Emenda, a despeito da forte oposição pública, cujo percentual variava entre 65 e 80%, a favor da ilicitude da queima da bandeira nacional americana. Esse autor aduz, ainda, que existe uma variedade de fatores que protegem a independência dos Justices e permite a eles se afastarem da opinião pública. O que importa, enfatiza, é que a longo prazo, sobre as questões importantes, a aproximação entre a opinião pública e a suprema Corte se dará (FRIEDMAN, 2009, p. 377, 585).

[76] Em matérias de baixa saliência política, pode-se observar certo retraimento da contundência dos vetores de pressão e constrição. Tal é o espaço em que, a salvo de maiores riscos político-institucionais, o Judiciário poderá determinar com maior desenvoltura a sua própria e genuína interpretação constitucional.

da polêmica e a inquietação contramajoritária, maior será o potencial de influência dos aportes dialógicos envolvendo o Judiciário em um processo interativo em que, ao revés de buscar proferir a última palavra — como antes afirmado seja sua prerrogativa[77] —, observa e participa de um equilibrado jogo de forças com outros atores no cenário político, até a construção do consenso possível.

A abertura dialógica franqueia à sociedade espaços de discussão e participação decisivos para a abordagem institucional de matérias plenas de importância constitucional, assegurando a inserção popular na órbita dos debates constitucionais — o que nos reconduz às ideias-chave de que o povo é o dono de sua Constituição[78] e deve exercer um papel ativo na definição de seus compromissos.

1.4 A aproximação do poder judiciário com a opinião pública como estratégia de autoproteção e legitimação

A busca de aproximação, pelo Poder Judiciário, com o sentimento popular dominante, tem sido apontado pelos atitudinalistas como opção estratégica, perfilhada com o escopo de autoproteção contra eventuais investidas dos demais centros de poder, além de permitir algo como um "capital social" que lhe credencie, episodicamente, a assumir determinada posição política mais delicada.

O apoio popular às Cortes identificado no cenário sociopolítico norte-americano acentua o risco e o custo para os atores políticos que desejem impor sanções ao Judiciário em decorrências e eventuais conflitos institucionais mais ou menos relevados. Ainda que a pretexto de contra-atacar uma determinada decisão judicial tida como inaceitável, assumirão esses mesmos agentes políticos o delicado risco de desapontar o eleitorado, com o vilipêndio a uma instituição que em princípio se apresenta como alguém que prestigia a vontade popular. A toda evidência, há uma tremenda dificuldade de aprovar uma lei para punir os *Justices*. Essa dificuldade decorre do próprio sistema de separação de

---

[77] "O Supremo Tribunal Federal assevera lhe assistir, por força do referido múnus constitucional de guarda da constituição, [...] *a singular prerrogativa de dispor do monopólio da última palavra em tema de exegese das normas inscritas no texto da Lei Fundamental*" (SILVA, 2010, p. 30-31).

[78] Está é a questão central do constitucionalismo popular defendido por Tushnet: a Constituição pertence a todos nós, na medida em que operamos em um diálogo político uns com os outros, onde quer que atuemos: nas ruas, nas eleições, nas legislaturas (TUSHNET, Mark V. *Take the constitution away from the Court*. Princeton: Princeton University Press, 2000. p. 181).

poderes norte-americano que é desenhado para tornar difícil aprovar legislação por requerer maioria nas duas casas do Congresso americano, além da sanção, assinatura do Presidente da República no projeto de lei,[79] similar ao que ocorre aqui no Brasil, para esse caso.

O *diffuse suport* alcançado pelo Poder Judiciário funciona, desta sorte, como fator de legitimação de suas intervenções, no exercício do *judicial review*, e de justificação de sua independência institucional.

Como, porém, atingir a popularidade?

Epstein e Knight[80] sustentam que, assim como os parlamentares — que perseguem abertamente a sua manutenção no cenário político — buscam agradar às preferências de seus constituintes (eleitores), captando o teor dessas preferências aproximando-se de lobistas e grupos de interesses, também o Judiciário vale-se de suas possibilidades de contato direto com a sociedade para absorver o conteúdo do sentimento popular dominante e antecipar as reações às decisões em construção.

Funcionando como *amici curiae*, os grupos de interesses desempenham um papel similar ao verificado na relação travada entre *lobistas* e parlamentares, alimentando a Corte com informações que permitam harmonizar, com o socorro de técnica jurídico-argumentativa, suas posições às referências idealizadas pelos agrupamentos sociais afetados pela disciplina da matéria em litígio. O órgão judicial, desta forma, pode seguir sendas que se revelem aceitáveis sob os prismas da hermenêutica jurídica e da aprovação popular.

Para que possam abdicar da menor medida possível de suas preferências — é o que relatam os autores norte-americanos — os magistrados buscam amparo no beneplácito popular, mensurado estrategicamente a partir de duas fontes: os veículos de mídia e as manifestações dos amigos da corte, estas com teor mais pontual e particularizado. Ambas as fontes abrem um panorama sobre os principais argumentos esgrimidos, sobre o amadurecimento informacional das ideias e sobre o grau de pressão com que se lida.

O número de requerimentos de intervenção, como *amicus curiae*, recebidos por uma Corte constitucional, antes do julgamento de determinada questão, pode ser um importante termômetro da intensidade

---

[79] FRIEDMAN, 2009, p. 377.

[80] EPSTEIN, Lee; KNIGHT, Jack. Mapping out the strategic terrain: the informational role of *amici curiae. In*: CLAYTON, Cornell W.; GILLMAN, Howard. *Supreme Court decision-making*: new institutionalist approaches. Chicago: University of Chicago Press, 1999. p. 215-235.

dos debates e da relevância social da matéria,[81] sinalizando a polêmica que a temática desperta.

Os *amici curiae*, enfim, cumprem um relevante suporte empírico na transmissão de informações, algumas das quais omitidas ou olvidadas pelas partes litigantes, permitindo à Corte um dimensionamento adequado das forças políticas e sociais em conflito.

Também as audiências públicas podem ser reputadas mecanismos de captação de apoio popular, legitimando, ainda que simbolicamente, as decisões proferidas pela Corte.[82]

Pondera-se, como ponto central dessa reflexão, que esse quadro teórico constitucional americano, com destaque para a inserção do Judiciário na sociedade, se reveste de certa naturalidade enquanto desenho institucional. Afinal, é típico da sociedade americana — não obstante o acirrado individualismo — o envolvimento na vida pública, a participação popular nas decisões e a mobilização da sociedade nos grandes temas que lhe sejam próximos. A transposição dessa base teórica para a realidade brasileira — menos afeita ao exercício da participação — suscita questionamentos, seja sob o ponto de vista do real envolvimento da sociedade nesse tipo de debate, seja sob a perspectiva da efetiva inclinação do Judiciário para proporcionar a referida abertura, e absorver os aportes através dela trazidos pelos interlocutores da sociedade convidados a participar. Examinado o problema pela ótica institucional — como proposto para a presente obra — surgem os seguintes questionamentos:

- A articulação do Judiciário com a sociedade brasileira exemplificada pelo Supremo Tribunal Federal seria ampla ou se materializa tão somente em determinadas questões?
- A abertura à participação de outros atores envolve uma abdicação do papel de definir o sentido do texto constitucional ou esse *múnus*, em última análise, remanesce como monopólio da Corte Constitucional?
- Qual o papel da Corte Suprema diante dos elementos trazidos pela sociedade que possam em tese subsidiar a construção da decisão?

---

[81] CALDEIRA, Gregory A.; John R. Wright. Organized interests and agenda-setting in the U. S. Supreme Court. *American Political Science Review* 82, p. 1109-1128, 1988.

[82] Exemplificando a afirmação, vê-se que algumas decisões proferidas pelo Supremo Tribunal Federal após a realização da Audiência Pública nº 4 mencionam expressamente o teor de argumentos esgrimidos pelos intervenientes, realçando a legitimidade da decisão judicial — por todas, a decisão monocrática proferida pelo Ministro Gilmar Mendes na STA nº 175.

CAPÍTULO 1
PODER JUDICIÁRIO E SEU DESENHO INSTITUCIONAL – DESMISTIFICANDO O SUPOSTO DA ABSOLUTA INDEPENDÊNCIA | 37

Invocando ainda os benefícios da elaboração da teoria constitucional americana, não se pode perder de perspectiva que independentemente da presença do instituto do *amicus curiae* prevista no Regimento Interno da Corte Suprema americana, Friedman, em suas conclusões, diz[83] que, em última análise, é o povo (e o povo sozinho) quem decide o que a Constituição significa; que a *judicial review* proporciona um catalisador[84] dessa delimitação de conteúdo e o método para que isso ocorra.

No contexto norte-americano há, de há muito, duas forças conflitantes que vem se pronunciando sobre a Suprema Corte e seu papel na vida nacional. Os descontentes consideram uma ameaça a atuação dos Justices ao contrariarem a vontade da maioria (declaração de inconstitucionalidade). Os que a apoiam a chamam de esperança e têm enfatizado a necessidade do controle de constitucionalidade para proteger os direitos constitucionais.[85]

O desafio da antes referida transposição de ideias se vê refletido no cenário brasileiro: qual pode ser o peso institucional dos institutos *amicus curiae* e das audiências públicas na compreensão de seu modelo de jurisdição constitucional?

Em linha de conclusão, é possível afirmar que ainda sob a perspectiva de análise que favoreça à compreensão do desenho e papel institucional do Judiciário, desenvolvida pela teoria norte-americana; ainda assim dá-se o reconhecimento da consideração de fatores políticos nas escolhas daquela Corte Suprema. No contexto brasileiro, não obstante a existência de uma blindagem institucional que permite uma primeira afirmação de neutralidade — que legitimaria, em tese, a supremacia do Judiciário —; fato é que se pode verificar igualmente a incidência de fatores políticos que em alguma medida constringem a decisão.

---

[83] "A judicial review, em sua evolução, se tornou, realmente, o modo americano de mitigar a tensão entre o governo pelo povo e o governo sob uma Constituição. (...) o entendimento do que abarca a Constituição mudou com o tempo de maneiras que são dramáticas, amplas e permanentes. Embora essas mudanças estejam refletidas nas decisões judiciais, elas raramente são iniciadas nas decisões em si e nunca subsistem sem a benção do povo americano" (FRIEDMAN, 2009, p. 367).

[84] Catalisador é uma substância (muito importante na indústria química) que acelera uma reação química e que, ao final da mesma, pode ser segregada das substâncias resultantes, quase sem modificações. A metáfora do autor americano está, portanto, a sugerir um papel para a Corte Suprema de indução ao debate e à formação do consenso possível — sem que ela se confunda ou se substitua com os elementos que antes concorreram para a formação daquela nova realidade.

[85] FRIEDMAN, 2009, p. 370.

Compreender, portanto, os mecanismos pelos quais — em nome do exercício do princípio contramajoritário — o Supremo Tribunal Federal exercita uma abertura cognitiva (até para conhecer o real alcance desse mesmo conflito)[86] é etapa subsequente na análise do exercício por essa Corte do chamado diálogo social. O exercício é de se iniciar, todavia, a partir de uma perspectiva normativa dos institutos, tarefa que se passa a desenvolver.

---

[86] É preciso ter em conta que a ideia de contramajoritarianismo nos dias de hoje não se resume a um conflito binário — a maioria e a minoria —; mas pode compreender uma plêiade de posições diferenciadas em tempos de pluralismo. Assim, embora a posição externada pela iniciativa que provoca a manifestação do STF seja um indicador de uma visão em princípio minoritária; ela não compreenderá necessariamente toda a extensão das distintas posições vencidas na temática em análise.

CAPÍTULO 2

TRATAMENTO NORMATIVO DAS FIGURAS DESTINADAS À ABERTURA AO DIÁLOGO SOCIAL

A abertura judicial à dimensão participativa do princípio democrático é debate que vem se pondo já no campo do processo civil, ainda que tendo em conta os conflitos individuais, a partir de uma perspectiva de construção do chamado processo cooperativo, em que das partes se exige uma participação mais ativa e leal do processo de formação da decisão.[87] Natural que esse mesmo tipo de abordagem se pudesse transpor para a jurisdição constitucional, particularmente no exercício do controle abstrato, dado seu caráter objetivo e, ao mesmo tempo, seus efeitos *erga omnes*.

De outro lado, o capítulo anterior evidenciou que fatores políticos podem sim repercutir no processo de construção da decisão em jurisdição constitucional — afirmação que permite compreender o espaço que se tem reconhecido, particularmente nas ações objetivas de controle, à ampliação do universo de contribuintes à formação da convicção judicial.

A incorporação de instrumentos orientados — ao menos teoricamente — à prática dialógica no âmbito da Suprema Corte — é de ser entendida, a partir de uma dupla perspectiva: aquela que tem em conta sua normatização, e a realidade aplicativas dos institutos na casuística da Corte.

---

[87] LAGE, Lívia Regina Savergnini Bissou. O novo papel do Judiciário e a teoria da separação dos poderes: judicialização de direitos?. *Revista de Processo – REPRO*, n. 184, p. 163-194.

2.1 O contexto da preceituação em sede de controle de constitucionalidade de mecanismos de diálogo social

A consolidação da jurisdição constitucional como traço característico de um novo constitucionalismo, comprometido com a efetivação do Estado Democrático de Direito, determinou no cenário brasileiro uma ascensão dos temas atinentes ao *judicial review*, num curto espaço de tempo.[88] A Lei nº 9.868/99 se constituiu o marco normativo infraconstitucional mais significativo no tema, sistematizando um conhecimento já construído na matéria pela vivência que o STF então desenvolvera, propondo ainda a incorporação de mecanismos processuais e práticas originárias de outros países com mais vasta experiência no campo da jurisdição constitucional abstrata.[89]

Vários são os desafios enfrentados por esse diploma legislativo que vem cogitar de importantes aspectos relacionados ao processamento de uma ação objetiva — figura igualmente inovadora no sistema jurídico pátrio, em que a demanda judicial sempre se tinha por referenciada a um conflito subjetivo (ainda que envolvendo direitos coletivos). Um deles diz respeito à possível abertura à contribuição no processo de decisão judicial de outros, que não os proponentes da demanda, que se apresentem como potenciais contribuintes à formulação do desejado juízo de constitucionalidade sobre a norma. Essa nova alternativa se vê traduzida no sistema normativo com as figuras do *amicus curiae* e da audiência pública.

Não se pode propriamente afirmar que essa possibilidade se revelasse absolutamente estranha à processualística brasileira, que

---

[88] Não é ocioso lembrar que no sistema brasileiro anterior à Carta de 1988, o controle abstrato de constitucionalidade tinha perfil estreitíssimo, destacando-se como mecanismo então mais aplicado, a representação promovida pelo Ministério Público (VALLE, Vanice Regina Lírio do. *Sindicar a omissão legislativa*: real desafio à harmonia entre poderes. Belo Horizonte: Fórum, 2004. p. 359-361). Entretanto, não se podem desconhecer as observações de Lucio Bittencourt que reconhecia, no início do sistema constitucional de 1946, o potencial da construção de um modelo de *judicial review* próprio com características diferenciadas do sistema americano [BITTENCOURT, Lucio. *Controle de constitucionalidade*. 2. ed. Brasília: Ministério da Justiça, 1999. (Coleção Arquivos)].

[89] O diálogo entre os principais sistemas de controle abstrato de constitucionalidade — americano, austríaco e alemão — e a vivência brasileira no tema se tem por sintetizado por Martins e Mendes, cabendo ressaltar que a Lei nº 9.868/99 incorpora, em especial, a experiências doutrinária e jurisprudencial do Tribunal Constitucional Federal alemão (MARTINS, Ives Gandra da Silva; MENDES, Gilmar Ferreira. *Controle concentrado de constitucionalidade*: comentários à Lei 9868, de 10.11.1999. São Paulo: Saraiva, 2001. p. 1-65). No tocante à contribuição teórica merece atenção o dispositivo do art. 6º referente ao disciplinamento de *expertise* (*amicus curiae*) do citado corpo normativo, com nítida inspiração na obra de Peter Häberle (1997).

CAPÍTULO 2
TRATAMENTO NORMATIVO DAS FIGURAS DESTINADAS À ABERTURA AO DIÁLOGO SOCIAL

de há muito contempla a figura do auxiliar do juízo,[90] mas o controle em abstrato da constitucionalidade das leis atrai a hipótese de uma multiplicidade de possíveis interessados no processo de construção de sentido do Texto Fundamental, seja por força da complexidade de que se pode revestir a matéria, seja a partir da lógica da sociedade aberta de intérpretes.[91]

De outro lado, o crescimento do ideal de constitucionalismo cooperativo[92] destaca os imperativos do desenvolvimento de uma jurisdição constitucional dialógica — aberta ao intercâmbio de visões e informações, seja com as estruturas formais de poder (diálogo institucional), seja com a própria sociedade (diálogo social).

A proposta de disciplina dessa participação plúrima no controle abstrato de constitucionalidade, já contida na manifestação na Comissão de Juristas que deu origem ao Projeto de Lei que veio a se converter na Lei nº 9.868/99,[93] era apontada como uma inovação significativa na respectiva Exposição de Motivos.[94] Todavia, como se sabe, o sistema

---

[90] Observe-se que a sistemática do Código de Processo Civil, ao elencar em seu art. 139 os possíveis auxiliares do juízo indica não só profissionais diretamente relacionados ao desenvolvimento da atividade jurisdicional – o escrivão, o oficial de justiça – mas também detentores de outros perfis de conhecimento e aptidões como o perito, o depositário, o administrador e o intérprete, que ao que tudo indica, tem por missão justamente aduzir elementos que não se contenham no conhecimento ordinário do Juízo.

[91] Também se tem apontado como precedentes normativos de autorização da participação do amicus curiae, a regra contida no art. 31 da Lei nº 6.385 de 07.12.1976, que admite a intervenção da Comissão de Valores Mobiliários (CVM) em processos intersubjetivos nos quais se discutam questões de direito societário sujeitas, no plano administrativo, à competência dessa entidade autárquica (BINENBOJM, 2004, p. 4). Elencando ainda outras hipóteses legislativas que contemplam intervenções de terceiros assemelhadas à figura do *amicus curiae*, consulte-se Marinho (2007, p. 50-51).

[92] No tema, consulte-se o trabalho aprovado no XVIII Congresso Nacional do CONPEDI, São Paulo, 2009 (VALLE, Vanice Regina Lírio do; SILVA, Cecília de Almeida. Constitucionalismo cooperativo ou a supremacia do Judiciário?. *Jurispoiesis*, Rio de Janeiro, v. 12, p. 321-348, 2009.

[93] Integraram a referida Comissão os Professores Ada Pellegrini Grinover, Álvaro Villaça Azevedo, Antonio Jamyr Dall'Agnol, Arnold Wald, Carlos Alberto Direito, Gilmar Mendes, Luís Roberto Barroso, Manoel André da Rocha, Roberto Roma, Ruy Rosado de Aguiar Jr, e Antonio Herman Vasconcellos Benjamin, Presidida a referida Comissão pelo Prof. Caio Tácito (*Diário da Câmara dos Deputados* de 26.01.1999, p. 3700, 3701).

[94] Bueno Filho anota precedente havido no julgamento do Agravo Regimental em ADIN nº 748, Rel. o Min. Celso de Mello, julgamento em 1º.08.1994, em que se admitiu a juntada por linha de memorial preparado órgão estatal que teria figurado como colaborador não integrante da relação processual. Não obstante se tenha no precedente abertura na fase de instrução – e ainda que a ementa aluda à figura do *amicus curiae*, não resta dúvida que não se cogitava ainda de um universo ampliado de virtuais colaboradores como consagrado pela Lei nº 9.868/99 (BUENO FILHO, Edgard Silveira. *Amicus curiae*: a democratização do debate nos processos de controle de constitucionalidade. *Revista Diálogo Jurídico*, Salvador, n. 14, jun./ago. 2002. Disponível em: <http://www.direitopublico.com.br/pdf_14/DIALOGO-JURIDICO-14-JUNHO-AGOSTO-2002-EDGARD-SILVEIRA-BUENO-FILHO.pdf>. Acesso em: 08 maio 2010).

de jurisdição constitucional não se limita ao referido diploma, e ganha vida diuturnamente, por força do labor criativo da própria Suprema Corte. Isso determina um permanente esforço de sistematização entre a criação jurisprudencial, e os diversos instrumentos normativos aplicáveis ao tema.

Vale registrar, de início, que os mecanismos institucionais de abertura em favor dos segmentos sociais no tocante à jurisdição constitucional brasileira seguem uma vertente teórica constitucional alemã. Não obstante a nítida intenção de maior adensamento do processo democrático na questão judicial, a resposta dada normativamente, como se verá, não traduz a potencialidade dos questionamentos norte-americanos quanto à possível legitimidade política de uma decisão cunhada por intermédio de uma maior interação com sua sociedade.

Numa aproximação inicial, demonstra-se ainda não integralmente sistematizado no plano da aplicação a compreensão da Corte no que toca aos limites e possibilidades de cada qual dos instrumentos de intervenção. Mais do que isso, o que a prática está demonstrando é uma aproximação entre os institutos do *amicus curiae* e da audiência pública, tudo numa perspectiva de seu papel tanto como mecanismo de legitimação da decisão judicial quanto a busca, também, por parte do Supremo Tribunal Federal de um sistema de provimento de informações especializadas. Se esse é o rumo que a aplicação dos institutos está a indicar, inevitável será uma leitura que os compreenda a partir não de uma perspectiva puramente processual, mas tendo em conta o seu potencial de abertura do exercício da jurisdição constitucional à construção de um modo de decidir efetivamente dialógico, que por essa característica reforce o signo de legitimidade das decisões para além da sempre citada representação argumentativa.[95]

2.2 *O quadro normativo existente*

A compreensão do tratamento legislativo da *quaestio*, relacionada à abertura da participação no feito judicial daqueles que, como

---

[95] No cenário brasileiro, o STF vem invocando a tese da representação argumentativa, desenvolvida por Alexy como fundamento de legitimidade de suas próprias decisões (ALEXY, Robert. *Constitucionalismo discursivo*. 2. ed. Tradução de Luís Afonso Heck. Porto Alegre: Livraria do Advogado, 2007). No julgamento da ADI nº 3.510, no qual se debatia a constitucionalidade das pesquisas científicas com células-tronco embrionárias, o tema foi explicitado pelo min. Gilmar Mendes nos seguintes termos: [...] "a representação argumentativa dá certo quando o tribunal constitucional é aceito como instância de reflexão do processo político. Isso é o caso, quando os argumentos do tribunal encontram eco na coletividade e nas instituições políticas, conduzem a reflexões e discussões que resultam em convencimentos examinados" [...] (ALMEIDA, *et al.*, 2009, p. 31, nota 39).

CAPÍTULO 2
TRATAMENTO NORMATIVO DAS FIGURAS DESTINADAS À ABERTURA AO DIÁLOGO SOCIAL | 43

expressão da sociedade civil organizada, entendam possam prestar contribuição aos termos da demanda, é de ser construída a partir de uma perspectiva também histórica da superveniência de cada qual dos instrumentos normativos. Assim é que o texto pioneiro foi a Lei nº 9.868/99 na sua redação original, contendo o regramento das ADIN e ADC. Na sequência temporal, a Lei nº 9.882/99 disciplinadora da ADPF já reflete em seu conteúdo algo do debate provocado pela aplicação da Lei nº 9.868/99. Finalmente, a Lei nº 12.063/09, cogitando do controle abstrato da inconstitucionalidade por omissão, traduz já quase 10 anos de aplicação do sistema de controle inaugurado pela norma jurídica precursora.

A questão da participação de terceiros — que não os autores da ação — se tem presente em diversos preceitos integrantes do conjunto de diplomas legislativos ora em exame, permitindo identificar claramente três espécies distintas de possíveis participantes:

a) *Terceiros requerentes* – que não são os autores da ação que postulam formalmente o ingresso no feito (art. 7º, *caput* c/c §2º e ainda 18 da Lei nº 9.868/99);

b) *Intervenientes obrigatórios* – nos termos da própria determinação contida no art. 103, §§1º e 3º da CF (art. 8º; 12-E §§2º e 3º e 19 da Lei nº 9.868/99 e art. 5º §2º da Lei nº 9.882/99);

c) *Informantes convocados* – entendida a expressão no sentido daqueles que possam, a critério do Relator, prestar esclarecimentos sobre a matéria ou circunstância de fato (art. 9º, §§1º e 2º; 12-E §1º e 20 §§1º e 2º da Lei nº 9.868/99; e ainda art. 6º, §1º da Lei nº 9.882/99).

Em sede de Regimento Interno do STF, a figura do Terceiro Requerente, identificada pela doutrina como *amicus curiae*,[96] não encontra previsão expressa. Isso porque o tema do processamento da ADIN mantém ainda em grande parte a redação original do RISTF que, como se sabe, é anterior ao Texto de 1988. Assim, na disciplina da ação abstrata, o que se tem de mais próximo da regra do art. 7º da Lei nº 9.868/99 é a cláusula contida no art. 169, §2º RISTF, que afirma que *"Não se admitirá assistência a qualquer das partes"*.

Já a figura da audiência pública — formalmente introduzida como diligência possível no processamento das ações abstratas de

---

[96] Registre-se que Martins (2001, p. 158), na obra pioneira de comentários sobre a Lei nº 9.868/99, identifica ambas as intervenções — aquela prevista no art. 7º, §2º, e a do art. 9º, §2º — como *amicus curiae*, reconhecendo às duas hipóteses a importância de contribuir para o enriquecimento do processo de decisão, na linha do preconizado por Häberle na defesa da importância de uma comunidade aberta de intérpretes da Constituição (HABERLE, 1997).

controle de constitucionalidade pela Lei nº 9.868/99 — foi integrada ao RISTF, especialmente pela Emenda Regimental nº 29/09, nos termos que se explicitará no subitem 2.3 adiante.

Tenha-se em conta que as distintas normas jurídicas aqui examinadas — Lei nº 9.868/99, Lei nº 9.882/99 e Lei nº 12.063/09 — pretendem conferir certa homogeneidade no tratamento dessas hipóteses de manifestação de terceiros. Todavia, como se verá na sequência, editadas em distintos momentos no tempo, culminaram por apresentar distinções relevantes, que contribuem para a afirmação da necessidade de uma revisitação da matéria.

2.3 A distinção entre as hipóteses de intervenção

A partir do conjunto de preceitos, busca-se a identificação dos possíveis elementos de diferenciação das diversas hipóteses de intervenção para, a partir deles, mapear qual vem sendo o tratamento conferido pela Corte às postulações de terceiros que, ingressando ou não no feito, pretendam contribuir para o enfrentamento da matéria em análise da ação objetiva.

Um primeiro elemento de diferenciação entre as figuras contempladas em lei diz respeito à *iniciativa para a participação*. O universo de hipóteses apontados no subitem 1 acima evidencia: a) aqueles estranhos ao feito que *postulam por iniciativa própria, a condição de interveniente*; b) intervenientes *ex vi constituitionem* (Procurador-Geral da República e Advogado-Geral da União);[97] e c) aqueles estranhos ao feito judicial que são *convocados à condição de interveniente* pelo Relator ou ainda pelo Presidente.

Um segundo elemento de diferenciação diz respeito ao *conteúdo da informação que se agregará à demanda*, em relação ao que se identifica claramente: a) esclarecimento de *matéria ou circunstância de fato* (arts. 9º, §1º e 20, §1º da Lei nº 9.868/99); b) esclarecimentos que envolvem aplicação de uma determinada *expertise*; e c) manifestação de postulante representativo (art. 7º, §2º da Lei nº 9.868/99, sem previsão de mesmo

---

[97] Nos termos originais da Lei nº 9.868/99, a participação do Advogado-Geral da União se tinha por obrigatória na ação declaratória de inconstitucionalidade, mas não na ação declaratória de *constitucionalidade* em relação à qual só aludia à participação do Procurador-Geral da República, materializada no art. 19. Essa aparente fratura lógica, todavia, se teve por superada a partir da intervenção no texto constitucional materializada pela Emenda Constitucional nº 45/04, que determinou a incidência dos termos do art. 103 §3º não só na ADI, mas também naquela declaratória de constitucionalidade.

teor nas ações declaratórias de constitucionalidade, nem tampouco naquelas orientadas à tutela da omissão legislativa).[98]

Ainda no campo da matéria de fato, contempla o art. 9º, §2º e 20, §2º da Lei nº 9.868/99 a possibilidade de o Relator requerer aos Tribunais Superiores, aos Tribunais Federais e aos Tribunais Estaduais, informações acerca da aplicação da norma impugnada no âmbito de sua jurisdição. Observe-se que essa regra não desperta maiores perplexidades porque entendida como manifestação de uma cooperação judiciária, na trilha do constitucionalismo cooperativo já preconizado por Zagrebelsky (2006).

Consigne-se que o conjunto preceitual sob exame não esclarece quanto à exigibilidade de que as contribuições trazidas pelo *amicus curiae* se revelem inovadoras no que toca aos termos em que foi posta a lide,[99] tampouco acerca da possibilidade de residir essa mesma contribuição exclusiva ou principalmente no campo da matéria *de direito*, possivelmente ainda sob a inspiração do velho brocardo *iura novit curiae*. Todavia, o fenômeno da multiplicação excessiva das leis e ainda a crescente complexificação das relações de interferência recíproca entre diversos conjuntos normativos tem introduzido igualmente as questões de direito no universo de cogitação dos *amicus curiae*.

Um terceiro elemento de diferenciação diz respeito ao *modo pelo qual se materializa a intervenção*: nesse tema, são duas as hipóteses cogitadas pelo conjunto de dispositivos em análise, a saber, a *manifestação escrita* ("...emitir parecer sobre a questão..." diz o art. 9º, §2º e 20, §2º da Lei nº 9.868/99) e ainda a *audiência pública*.[100]

---

[98] Não se pensa que a inconstitucionalidade por omissão, fundada supostamente numa condição objetiva — ausência da norma legal — prescinda de qualquer elemento de fato ou originário de *expertise* que possa ser trazido por terceiro. Isso porque a ausência da norma pode envolver situações menos evidentes como, por exemplo, nas hipóteses de não recepção. A par disso, é ainda possível cogitar da contribuição de terceiros para fins de caracterização do dever de legislar, evidenciado não em expresso comando constitucional, mas pelo viver do preceito de mesmo *status*, a reclamar a *interpositio legislatoris*.

[99] No sistema norte-americano de *judicial review*, o sistema traçado pela *Rule 37* da Suprema Corte, recomenda em sua *Section* 1 o caráter inovador em relação aos argumentos já trazidos aos autos ("...um *amicus curiae brief* que traga à consideração da Corte temas relevantes ainda não trazidos à sua atenção pelas partes pode ser de considerável ajuda à Corte. Um *amicus curiae brief* que não atende a esse propósito, onera à Corte, e sua apresentação não é recomendável" – tradução livre das autoras). É de Spriggs e Wahlbeck a lição de que, na prática, os argumentos manejados pelos *amici curiae* se revelam inovadores, mais ainda, que a reiteração de teses já apresentadas pelas partes pode ter um importante peso na construção da decisão judicial em favor desses mesmos argumentos repisados por distintos atores (SPRIGGS, James F.; WAHLBECK, Paul J. Amicus Curiae and the Role of Information at the Supreme Court. *Political Research Quarterly*, v. 50, n. 2, p. 365-386, jun. 1997).

[100] Explicite-se que, na forma regimental, mesmo nas audiências públicas convocadas nos autos de feito judicial concreto, haverá a redução a escrito dos trabalhos que integrarão os autos, nos termos do art. 155, VI, do RISTF.

Na formulação original da Lei nº 9.868/99 podia-se ainda apontar um outro elemento de distinção entre as possibilidades de intervenção daqueles que não integraram originalmente a demanda, relacionado à *oportunidade temporal* para tematizar-se o ingresso. Assim, a leitura dos arts. 7º a 9º da referida norma jurídica apontava como prioritária a veiculação da intenção do terceiro que postula participar.[101] Já a vinda de terceiros por provocação do próprio Relator, por óbvio, não se via constringida por qualquer cláusula temporal.

A sistemática original se revestia de sentido, na medida em que construía, por agregação, o cenário de decisão — primeiro, o aporte traduzido na peça inicial; segundo, daqueles admitidos ao feito por decisão do Relator; todos eles submetidos posteriormente ao crivo daqueles que desenvolvem função de controle, a saber, Ministério Público e Advocacia do Estado. Finalmente, diante desse quadro — já filtrado em alguma medida pelos chamados intervenientes obrigatórios — cumpriria ao Relator avaliar a necessidade ainda de novos elementos de instrução, circunstância que daria ensejo à convocação de outros informantes, agora em audiência pública.

A distinção quanto à oportunidade, todavia, perdeu em importância a partir da própria jurisprudência do STF que, superando uma matriz de análise fundada na mera preclusão, passou a privilegiar o prisma da utilidade da intervenção, ampliando o intervalo de tempo dentro do qual se teria ainda por oportunos os aportes de informação de terceiro,[102] admitindo-se o ingresso, ainda que findo o prazo de prestação das informações.

2.4 *A audiência pública como mecanismo ditado pela prática*

No percurso do quadro normativo das modalidades de contribuição de terceiros no controle abstrato de constitucionalidade, já

---

[101] A compreensão inicial era no sentido de que essa postulação só se revelava possível no prazo para informações previsto no art. 6º da mesma Lei nº 9.868/99, após o que se daria a preclusão.

[102] A orientação original — que circunscrevia ao prazo de apresentação das informações o pedido de ingresso de terceiros fundado nos termos do art. 7º, §2º da Lei nº 9.868/99 — restou alterada a partir da questão de ordem no julgamento da ADI nº 2.675-PE e nº 2.777-SP, ambas julgadas em 27.11.2003, quando se entendeu de favorecer a referida inovação institucional, à conta de seu papel como instrumento de legitimação dos julgamentos do Tribunal. Hoje se tem admitido o ingresso de terceiros na condição de *amicus curiae* até o início do julgamento — oportunidade a partir da qual, a rigor, a intervenção deixaria de ter utilidade, determinaria um atraso na decisão, ou pior, uma assimetria nas visões dos julgadores, tendo em conta o não conhecimento de parte dos que já tivessem votado dos elementos de informação novos.

CAPÍTULO 2
TRATAMENTO NORMATIVO DAS FIGURAS DESTINADAS À ABERTURA AO DIÁLOGO SOCIAL | 47

se teve oportunidade de apontar que a figura da audiência pública só se porá expressamente nos arts. 9º, §2º e 20 §1º da Lei nº 9.868/99 e, posteriormente, no Regimento Interno do Supremo Tribunal Federal, particularmente com a aprovação da Emenda Regimental nº 29/09.

Assim é que a Lei nº 9.868/99, ao cogitar das hipóteses de participação de terceiros, alude pura e simplesmente a "...*manifestação...*" (art. 7º, §2º), sem explicitar qual seja a forma de que deva essa se revestir, sem qualquer sugestão de convocação de audiência pública. A expressão só se fará presente no art. 9º, que ao aludir aos mecanismos de requisição de informações adicionais pelo Relator, refere a "...*fixar data para, em audiência pública, ouvir depoimentos de pessoas com experiência e autoridade na matéria...*"

O laconismo da previsão legislativa acima indicada culminou por determinar que a figura de instrução se venha construindo a partir da casuística, com os riscos à sistematização que são próprios a esse processo. Assim é que a partir do precedente cunhado na ADI nº 3.510,[103] inaugurou-se a prática da convocação de audiências públicas, invocando-se inicialmente como parâmetro de organização dos trabalhos, aqueles assentados no Regimento Interno da Câmara dos Deputados. A reiteração da experiência — logo na ADPF 101 — se entendeu de ampliar igualmente o espaço de debate com a realização de audiência pública,[104] incorporou-se o mecanismo à realidade dos trabalhos do STF. Foi essa consolidação do caráter legitimador da figura da audiência pública que veio a dar causa à já referida Emenda Regimental nº 29/09, que buscou construir um procedimento que instrumentalizasse justamente esse tipo de resultado — a ampliação da sociedade de intérpretes e o enriquecimento do processo de decisão. Ainda na perspectiva de análise do quadro normativo, a aludida emenda regimental previu:

a) Possibilidade de convocação de audiência sem que ela se refira especificamente a um caso concreto, reservando essa hipótese

---

[103] A ADI nº 3.510 foi ajuizada pelo Procurador-Geral da República em maio de 2005, debatendo a constitucionalidade do art. 5º da Lei nº 11.105/05 que disciplinava a utilização de células-tronco embrionárias na pesquisa científica. Interessante salientar, que a realização da audiência pública foi um pedido formulado na inicial, postulação essa deferida por seu Relator em 19.12.2006, ao argumento de que "...*além de subsidiar os Ministros deste Supremo Tribunal Federal, também possibilitará uma maior participação da sociedade civil no enfrentamento da controvérsia constitucional, o que certamente legitimará ainda mais a decisão a ser tomada pelo Plenário desta nossa colenda Corte*".

[104] A ADPF nº 101, de Relatoria da Min. Cármen Lúcia, foi aforada pela Presidência da República e tinha por objeto decisões judiciais havidas em todo o país que autorizavam a comercialização de pneus usados, em detrimento ao direito à saúde e a um ambiente ecologicamente equilibrado.

à esfera de competência da Presidência (art. 13, XVII, RISTF); e ainda a convocação referenciada a uma ou mais demandas determinadas, de competência do respectivo Relator (art. 21, XVII, RISTF);

b) Caráter necessariamente público das referidas audiências (art. 154, parágrafo único, III, RISTF), assegurado mediante publicação de despacho amplamente divulgado (art. 154, parágrafo único, I, RISTF) e pela transmissão via TV e Rádio Justiça (art. 154, parágrafo único, V, RISTF);

c) Possibilidade de indicação — aparentemente pelos participantes da relação processual — de pessoas que devam ser ouvidas (art. 154, parágrafo único, I, *in fine* RISTF);

d) Igualdade de representação das diversas correntes de opinião que se pretendam fazer representar na audiência (art. 154, parágrafo único, III, RISTF);[105]

e) Obrigatório registro e arquivamento junto aos autos ou na Presidência dos elementos coligidos na audiência (art. 154, parágrafo único, VI, RISTF);

f) Reforço das prerrogativas dos convocantes — Presidência ou Relator do feito — na admissão dos intervenientes (art. 154, parágrafo único, III, RISTF).

Observe-se que a fragmentação do processo de construção do instituto deixou ainda sem regulamentação várias hipóteses já ilustradas pela crônica de decisões do STF. Assim é que o Regimento silencia acerca da hipótese de convocação de audiência em abstrato, quando o tema já tenha sido submetido à Corte em Recurso Extraordinário em concreto, revestido de repercussão geral.[106] Tampouco se tem uma disciplina

---

[105] A recomendação regimental, embora caracterizada por um evidente intento de assegurar o pluralismo no debate, suscita perplexidades no plano prático, na medida em que parece estar a pressupor um declinar, por parte daquele que indica ou postula a participação em audiência pública, de qual seja a tendência de opinião em relação à matéria a ser representada por aquele interveniente. Ocorre que pode ser descabida a alusão propriamente à "corrente de opinião", quando a intervenção do terceiro tenha por objetivo trazer elementos de fato. Em verdade, nítida uma inspiração ainda no conflito binário, o que evidentemente não se porá na maioria dos casos em que a complexidade do tema esteja a recomendar a audiência pública.

[106] A hipótese não é de viveiro; recentemente vivenciou o STF a convocação pela Presidência de audiência pública para esclarecimento de temas afetos aos deveres do Estado, no que toca ao fornecimento de medicamentos, quando parte do tema indicado na quesitação respectiva já se encontra submetido à apreciação da Corte por intermédio do Recurso Extraordinário nº 566.471, com Repercussão Geral já reconhecida, de relatoria do Min. Marco Aurélio. Completando a rede de complexidades, existe igualmente no âmbito do STF a proposta de edição de súmula vinculante, formulada pela Defensoria Pública da União,

da eventual interface entre a já admissão no feito de *amicus curiae* e a posterior decisão pela convocação de audiência pública — a hipótese desafia interessantes questões relacionadas ao direito à participação daqueles primeiros na diligência pública de instrução.[107]

Finalmente, é de se consignar uma ainda aparente indefinição no que toca à *dinâmica* propriamente da incorporação dos elementos de informação originários da audiência pública, ao processo de construção da decisão judicial. Isso porque a referência legislativa à audiência pública parece estar a sugerir uma *diligência revestida de oralidade*, e de um intercâmbio de informações que é próprio, por exemplo, à audiência de instrução e julgamento. Mais ainda, a origem do incidente — provocação do Relator do feito — está a sugerir um empenho desse que preside à instrução em se ver municiado de outros elementos técnicos e práticos, quadro que se harmoniza perfeitamente com um perfil mais dialógico. A casuística do STF, todavia, aponta uma orientação diversa, em que a audiência pública cada vez mais se caracteriza como procedimento unilateral, no qual o interveniente convocado expressa seus pontos de vista sem qualquer interação com os julgadores.[108]

Ainda sob o prisma da dinâmica da realização da audiência pública, e sua consideração no processo de construção da decisão judicial, o tema mais desafiador, que ainda não se tem trabalhado — a rigor, nem sob a perspectiva normativa, tampouco sob o prisma teórico — são os termos em que efetivamente se considera, na motivação da decisão, as contribuições oferecidas em audiência.

---

relacionada a outra temática suscitada pela mesma audiência, qual seja, a existência de solidariedade entre os entes federados na oferta dos medicamentos. Finalmente, na recente decisão na SS nº 175, as cogitações trazidas na referida audiência foram apontadas como fundamento da decisão — quando o meio próprio, a rigor, a determinar efeitos vinculantes não foi ainda decidido.

[107] Em verdade, no bojo da ADPF nº 101, vivenciou-se hipótese distinta, em que uma determinada entidade postulando ser admitido a participar da audiência, culminou por ver indeferida sua pretensão por intempestividade — assegurando-se-lhe, todavia, o direito ao ingresso na qualidade de *amicus curiae*.

[108] Registre-se que esse caráter francamente unilateral da audiência pública, nos termos em que ela se verifica hoje, tem contribuído até mesmo para a erosão daquele traço que é típico da oralidade do processo, que é a garantia ao cidadão de "seu dia na Corte". Isso se diz porque como verificado na última audiência pública realizada no âmbito do STF — aquela convocada no bojo da ADPF nº 186, Relator o Min, Ricardo Lewandowsky, que tinha por objeto o exame da constitucionalidade de políticas de ação afirmativa de acesso ao ensino superior — não foi incomum a *ausência do profissional admitido a contribuir na diligência*, encaminhando-se um arrazoado, que era pura e simplesmente lido por um representante designado. Evidente o esvaziamento de sentido do caráter público da audiência, quando a presença em si dos participantes é de tal forma irrelevante, que nem eles mesmos valorizam o esforço de deslocamento à Corte.

É o próprio STF quem aponta sempre como objetivo e benefício desses novos institutos — seja da figura do *amicus curiae*, seja da convocação de audiências públicas — o *caráter legitimador da decisão judicial* que essa ampliação do debate da questão constitucional possa determinar. Num e noutro, traz-se a sociedade para o debate, com vistas a enriquecê-lo, subsidiando a Corte com uma visão plural sobre o tema, potencializando uma tomada de decisão apta a gerar quando menos pacificação nas relações, se não consenso. A ideia, portanto, é consolidar uma prática de constitucionalismo cooperativo (entendida a expressão no seu sentido mais amplo),[109] que busque uma participação dos destinatários dessas mesmas provisões, na construção de sentido do Texto Fundamental. Essa estratégia de legitimação da prestação jurisdicional a se oferecer se desenvolve ordinariamente pela via do diálogo institucional — concretizado pela manifestação dos intervenientes obrigatórios, pela possibilidade de obtenção de informações das demais Cortes, e pela prerrogativa sempre presente de coleta de manifestação das instâncias formais de poder envolvidas no tema. O desafio está em viabilizar, de outro lado, a adesão social à prestação jurisdicional em construção pela via do diálogo social.

Duas serão as vertentes a exigirem ainda a competente elaboração teórica: aquela procedimental, de viabilização do diálogo social (quem ingressa, como ingressa, para que fins, com que prerrogativas); e também a forma pela qual essas eventuais contribuições serão incorporadas ao processo intelectual de construção da decisão. Aceitos ou não os argumentos, o seu enfrentamento racional é de se ter presente na conclusão cunhada pela Corte — sem o que a presença de *amicus curiae* ou a realização de audiências públicas se converte em mera *representação pacificadora*, sem qualquer substância ou caráter efetivamente democrático. Mais ainda, se o fundamento de legitimidade sempre invocado pela Corte para a construção de suas decisões reside na representação argumentativa, parece claro que a ampliação dos participantes do diálogo estará a exigir a consideração da visão desses no exercício da argumentação, para que a Corte efetivamente se caracterize como *"...instância de reflexão do processo político..."* (ALEXY, 2007, p. 54), meditação essa que tem em conta não só os argumentos técnico-jurídicos diretamente acessíveis a seu conhecimento como Tribunal, mas também aqueles trazidos pelos terceiros que contribuem no processo de construção da prestação jurisdicional na *judicial review*.

---

[109] No tema, consulte-se Valle; Silva (2009).

Esse aspecto — do enfrentamento dos argumentos colhidos pelos intervenientes — está muito longe das cogitações do RISTF. O fato novo parece exsurgir dos termos da decisão exarada na SS nº 175, Rel. o Min. Gilmar Mendes, em que repetidas vezes se afirma o amparo nas conclusões originalmente apresentadas na audiência pública da saúde — sem, todavia, o apontamento mais explícito dos fundamentos dessas mesmas conclusões invocadas pelos participantes da citada diligência. Impõe-se, todavia, nesse processo de amadurecimento do rico universo nacional no tema da jurisdição constitucional, tematizar essa questão.

2.5 Perplexidades do sistema – Ausência de uniformidade no tratamento da participação de terceiro não proponente da demanda

Observe-se que não obstante a identificação clara inicialmente empreendida, de três categorias de ingressantes no feito acima indicadas, mesmo no seio de cada qual, o tratamento legislativo não se revela uniforme.

2.5.1 Terceiros postulando intervenção no feito

Explicitou-se no subitem 2 acima que a regra geral proposta pela Lei nº 9.868/99 é a da *vedação* à intervenção de terceiros, a partir da perspectiva de que à vista do caráter objetivo dessas demandas, não há que se falar num interesse jurídico que justifique o referido ingresso no feito. De outro lado, tendo em conta a limitação dos legitimados à propositura da ação decorrente dos termos do art. 103, CF, a regra constante do art. 7º, §2º da Lei nº 9.868/99 autoriza, excepcionalmente, e *a critério do Relator*, a manifestação de terceiros não proponentes da demanda, que se revistam de representatividade.[110] Inobstante a explicitação da opção legislativa acima indicada, essa mesma regra não se repete na disciplina da ADC, nos termos do texto aprovado pelo Legislativo. Apresenta-se, então, uma primeira incoerência interna no sistema de

---

[110] No campo da literatura especializada no Processo Civil, essa aparente contradição legislativa deu ensejo a diversas cogitações classificatórias (assistente simples, intervenção de terceiros especial, intervenção anômala de terceiros, etc.), tudo no esforço de superar a exceção empreendida no §2º do *multimencionado* art. 7º da Lei nº 9.868/99, à proibição geral contida no *caput* do mesmo preceito à intervenção, O debate talvez se afigure bizantino, na medida em que a lei que vedou o ingresso de terceiros poderia — como de fato o fez — excepcionar o seu próprio comando.

controle em abstrato, a saber: é possível o ingresso do *amicus curiae* no processamento da ação declaratória de constitucionalidade?

É de se esclarecer que em verdade, no campo da ADC, preceito de idêntico teor àquele do art. 7º, §2º se continha originalmente no mencionado instrumento legislativo e foi objeto de veto presidencial. A leitura das razões de veto curiosamente aponta que o Presidente da República, na formulação de seu juízo de reprovação, já entendia que "...resta assegurada, todavia, a possibilidade de o Supremo Tribunal Federal, por meio de interpretação sistemática, admitir no processo da ação declaratória a abertura processual prevista para a ação direta no §2º do art. 7º". Com efeito, como já assinalava a curiosa manifestação presidencial,[111] a própria fungibilidade entre as demandas ADI e ADC estaria a determinar o mesmo tratamento, sendo de se concluir pela admissibilidade da intervenção do *amicus curiae*.

Já nas ações de inconstitucionalidade por omissão e ADPF, esse mesmo tema — da *vedação* à intervenção de terceiros, e de uma prerrogativa em favor do relator para excepcionar esse mesmo bloqueio — não é sequer cogitado. O silêncio legislativo todavia não impediu que, quando menos no campo da ADPF, a figura do *amicus curiae* fosse amplamente utilizada, tendo em conta que o caráter subsidiário da via de ação em comento recomendar identidade de tratamento no que toca aos instrumentos possíveis de incremento da legitimidade da decisão.

Uma última sutileza no tema dos terceiros que postulam o ingresso no feito. Como já referido, a Lei nº 12.063/09, ao introduzir na Lei nº 9.868/99 a disciplina da ação direta de inconstitucionalidade por omissão, *não vedou expressamente a figura processual da intervenção de terceiros*. Inobstante o silencio legislativo, a tendência parece ser no sentido de reconhecimento da vedação também no campo da ADIO, prevalecendo os mesmos argumentos relacionados à natureza objetiva do processo de controle abstrato de constitucionalidade, e os reiterados argumentos de celeridade processual.

Em síntese, a interpretação — no tema da admissibilidade em tese da intervenção de terceiros — há de ser aquela que prestigia a harmonia sistêmica dos instrumentos de controle abstrato, com o entendimento pela vedação do ingresso de novos atores na condição de parte, ressalvada a possibilidade de manifestação de outros órgãos ou entidades, tendo em conta a relevância da matéria ou a sua representatividade, tudo sempre a juízo do Relator do feito.

---

[111] Atípico esse veto — aposto por conveniência e oportunidade — que já antecipa que seus efeitos poderiam facilmente ser afastados pela construção da própria Corte, evidenciando a quase inutilidade da providência de censura.

2.5.2 Intervenientes obrigatórios

Também a figura dos *intervenientes obrigatórios* é tratada de forma diferenciada nos preceitos que dão conta de cada uma das vias de ação. A Procuradoria-Geral da República é apontada como órgão a ser intimado a manifestar-se em todos os feitos destinados ao controle abstrato da constitucionalidade (arts. 8º, 12-E, §3º e 19 da Lei nº 9.868/99 e art. 7º, parágrafo único, da Lei nº 9.882/99);[112] já a Advocacia-Geral da União só se tem por identificada como interveniente obrigatória na ADIN e ADO — na ADC e na ADPF não há referência legislativa à presença imperativa do Advogado-Geral da União. Reitere-se, todavia, que essa literalidade da Lei nº 9.868/99 restou superada pela alteração empreendida pela Emenda Constitucional nº 45/04 aos termos do art. 103 CF.

Num excesso de preciosismo, sempre se poderá dizer que essa última providência não se revela apta a superar o silêncio normativo no que toca à ADIO e ADPF — que não se tem por disciplinadas diretamente pelo art. 103 CF. Uma vez mais, a hipótese parece desafiar uma interpretação sistemática, presidida pelo vetusto critério que determina *ubi ratio, ibi ius*. Se nas demandas destinadas ao controle abstrato da conduta positiva — ADI ou ADC — se entende pela necessidade da intervenção do Advogado-Geral da União, à vista dos efeitos que a decisão proclamando o vício de raiz da norma pode gerar, o mesmo critério é de se aplicar em relação às ADIO e ADPF, nas quais se tem igualmente manifesto o fenômeno da inconstitucionalidade, ainda que mais recortado.

A compreensão envolve igualmente o reconhecimento de que o papel da Advocacia de Estado, na hipótese, é menos de *defesa* de uma das partes no processo[113] — que é de natureza objetiva —, e mais de

---

[112] Mesmo nesse universo de preceitos, as referências legislativas são diferenciadas, ora aludindo que o Ministério Público *deverá* manifestar-se; ora assegurando tão somente o direito à oportunidade para intervir.

[113] Em verdade, essa compreensão de que a Advocacia de Estado se limite à defesa incondicional de atos originários do Poder Público parece desconhecer a nova ótica que a ela reconhece — assim como às instituições coirmãs do Ministério Público e Defensoria Pública — um papel de "...instrumento da sociedade, constitucionalmente inserido na estrutura do Estado, destinado ao controle dos valores e dos princípios jurídicos que dela dimanam e a refletem, conforme os respectivos cometimentos constitucionais" (MOREIRA NETO, Diogo de Figueiredo. A Advocacia de Estado revisitada: essencialidade ao Estado Democrático de Direito. *In*: GUEDES, Jefferson Carús; SOUZA, Luciane Moessa de (Coord.). *Advocacia de Estado*: questões institucionais para a construção de um estado de justiça: estudos em homenagem a Diogo de Figueiredo Moreira Neto e José Antonio Dias Toffoli. Belo Horizonte: Fórum, 2009. p. 23-52). De outro lado, o reconhecimento das funções de zeladoria pública da Advocacia do Estado evidencia o caráter obrigatório de sua intervenção em qualquer dos feitos de controle abstrato, ainda que inexistente preceito desse teor.

enriquecimento do debate com a trazida da perspectiva *daquele que está empreendendo à aplicação da norma censurada*, e que conhece portanto as causas e os efeitos da (in)existência dessa mesma normatividade. Se esse for o papel reconhecido à presença da Advocacia de Estado nas demandas de controle abstrato, afinado com seu caráter constitucionalmente traçado de órgão de controle e de função essencial à justiça, a consequência inafastável será a oferta de uma interpretação sistêmica aos termos da Lei nº 9.868/99 e da Lei nº 9.882/99, com a conclusão em favor de sua interveniência obrigatória em todas as ações voltadas ao controle abstrato.

2.5.3 Informantes

Ainda na perspectiva das fraturas lógicas do sistema normativo do controle abstrato da constitucionalidade, cumpre sublinhar que no campo dos *informantes*, a Lei nº 9.882/99 contém o elenco mais ampliado daqueles que podem ser chamados a contribuir *por iniciativa do Relator*, compreendendo inclusive as "...*partes nos processos que ensejaram a argüição*..." Assim, mais do que as entidades revestidas de representatividade ou *expertise*, é possível ainda trazer a manifestação daqueles que, concretamente, sofrem os efeitos da disciplina objeto de crítica constitucional, com lesão a direito que se quer reparar pela via jurisdicional. Evidente uma opção por um espectro bem mais amplo de possíveis contribuintes à formação do convencimento da Corte Constitucional. Uma vez mais, a pergunta é: essa mesma amplitude é de se reconhecer igualmente às ADI ou ADC?

A chave de decisão para a superação de ainda essa perplexidade decorrente do diferenciado tratamento legislativo parece residir no *poder geral de instrução* que, como se sabe, resta centrado no Relator. Assim, ainda que não se tenha expressamente referida a possibilidade de oportunizar a outros, que não os formalmente admitidos à relação processual, a produção de memoriais ou sustentação oral, essa será sempre uma possibilidade decorrente do poder geral de instrução. Na hipótese específica daqueles que são partes nos processos que ensejaram a arguição, evidente a riqueza das informações de fato passíveis de veiculação. Se assim o é, uma vez que a potencial contribuição com informes acerca da matéria fática autoriza o ingresso de terceiros, *a fortiori* deverá deitar as mesmas consequências em favor dos cidadãos com lide já posta.

CAPÍTULO 2
TRATAMENTO NORMATIVO DAS FIGURAS DESTINADAS À ABERTURA AO DIÁLOGO SOCIAL | 55

Essa valorização do papel do Relator com a outorga da competência para decidir quanto à admissibilidade — ou não — do ingresso de terceiros, e ainda da vinda aos autos das contribuições que cada qual deles possa oferecer, se de um lado se justifica pela natural posição privilegiada de quem preside a relação processual, de outro lado suscita relevantes questões no que toca à legitimidade das decisões no tema, particularmente aquelas que *indeferem* o ingresso ou a vinda de alguma contribuição argumentativa.[114] Parece corroborar a especial preocupação com o signo legitimador que deve incidir sobre essa decisão, a circunstância de que, inobstante o art. 7º, §2º da Lei nº 9.868/99 classificá-la como *irrecorrível*, a jurisprudência tenha se inclinado no sentido de admitir a impugnação dessa mesma decisão interlocutória.[115]

Mais do que prestar reverência ao ideal de devido processo, a recorribilidade da decisão que inadmite *amicus curiae* ganha um novo significado quando se tem em conta seu condão de reduzir o universo de intérpretes da Constituição interessados no debate estabelecido na demanda.[116]

---

[114] Na casuística mais recente do STF, nos autos da ADPF nº 153, arguida pelo Conselho Federal da Ordem dos Advogados do Brasil, têm-se o requerimento da parte autora de convocação de audiência pública, *indeferido* pelo Relator, Min. Eros Grau: "...Os argumentos aportados aos autos pelo arguente não demonstram suficientemente a necessidade de realização da audiência pública ora requerida, que se prestaria unicamente a retardar o exame da questão argüida..." (decisão em 09.04.2010). De outro lado, o feito contou com a admissão, na qualidade de *amici curiae*, da Associação Juízes para a Democracia, do Centro pela Justiça e o Direito Internacional (CEJIL), da Associação Brasileira de Anistiados Políticos (ABAP), e da Associação Democrática e Nacionalista de Militares (ADNAM), o que evidencia um largo espectro de segmentos sociais interessados na discussão. O que a hipótese em concreto sugere é a reflexão se o argumento de celeridade se revela suficiente para o indeferimento da audiência pública; consulte-se o teor da decisão: "Os autos estão instruídos de modo bastante, permitindo o perfeito entendimento da questão debatida nesta arguição de descumprimento de preceito fundamental. O pedido suscitado longo tempo após sua propositura redundaria em inútil demora no julgamento do feito".

[115] Ação Direta de Inconstitucionalidade. Embargos de Declaração Opostos por Amicus Curiae. Ausência de Legitimidade. Interpretação do §2º da Lei nº 9.868/99. 1. A jurisprudência deste Supremo Tribunal é assente quanto ao não-cabimento de recursos interpostos por terceiros estranhos à relação processual nos processos objetivos de controle de constitucionalidade. 2. *Exceção apenas para impugnar decisão de não-admissibilidade de sua intervenção nos autos.* 3. Precedentes. 4. Embargos de declaração não conhecidos (ADI nº 3.615 ED, Relator(a): Min. Cármen Lúcia, Tribunal Pleno, julgado em 17.03.2008, grifos nossos).

[116] A sensibilidade da Corte para com a importância da intervenção do *amicus curiae* culminou por determinar a sua admissão inclusive no controle de constitucionalidade difuso, em analogia ao art. 7º, §2º, da Lei nº 10.259/01, que admitiu a manifestação de interessados, no prazo de 30 dias, no Recurso Extraordinário, em sede de Juizados Especiais. O *leading case* se estabeleceu no julgamento do RE nº 415.454-4 /SC, Rel. Min. Gilmar Mendes, destacando-se dentre os argumentos: "Em síntese, creio que o instrumento de admissão do *amici curiae* confere ao processo de fiscalização de constitucionalidade um colorido diferenciado, emprestando-lhe caráter pluralista e aberto que, a meu ver, não pode ficar restrito ao controle concentrado".

O tema, todavia, sofreu novo influxo com a edição da Lei nº 12.063/09 — e parece, deverá determinar uma reaproximação da *quaestio*. Como já se teve oportunidade de referir, a Lei nº 12.063/09 *não vedou a intervenção de terceiros* na ADO. Mais do que isso, o art. 12-E, §1º, culminou por trazer à luz exatamente a prerrogativa (incondicionada) em favor dos demais legitimados ativos à provocação do controle abstrato de manifestar-se, por escrito, sobre o objeto da ação e pedir a juntada de documentos reputados úteis para o exame da matéria, no prazo das informações, bem como apresentar memoriais. Observe-se que aqui se cuida de uma autorização legislativa para, *independentemente da anuência do Relator*, produzirem-se as razões por parte daqueles em favor de quem a Constituição está a presumir uma representatividade, na medida em que os reconhece como legitimados ativos à provocação do controle em abstrato.[117]

Essa prerrogativa — ingressar no feito, apresentando razões e memoriais — fora anteriormente *negada* aos demais legitimados ativos para a propositura do controle abstrato, pelo veto lançado ao art. 7º, §1º, e ao art. 18, §1º, da Lei nº 9.868/99, justamente numa perspectiva de preservar essa decisão em favor do Relator. O resultado é, numa leitura literal da norma, que a decisão pelo ingresso de terceiros é prerrogativa do Relator na ADI e na ADC — mas não na ADO.[118]

Essa parece uma perplexidade a ser superada por critérios de interpretação, que não pode permitir níveis diferenciados de abertura dialógica em ações destinadas, todas elas, a empreender ao controle em abstrato da norma jurídica. Tenha-se ainda em conta que a área de fronteira entre uma ADO e ADI pode ser mais do que tênue quando a hipótese envolva, por exemplo, violação ao dever de isonomia — fenômeno que pode ser qualificado como omissão parcial, ou ainda como vício positivo parcial.

---

[117] Tenha-se em conta que no sistema norte-americano, no âmbito da Suprema Corte, a apresentação do *amicus curiae brief*, nos termos da *Rules of the Supreme Court of the United States, Rule 37, Section 2*, pode se dar por autorização da Corte, mas também *pela anuência expressa de todas as partes para com a trazida desses elementos* (Rule 37, 2: Um *amicus curiae brief* submetido à consideração da Corte num requerimento de *writ of certiorari*, numa moção voltada à obtenção de um *bill of complaint*, ou ainda numa petição para o deferimento de um *writ* extraordinário pode ser apresentado se acompanhado pelo consentimento por escrito de todas as partes, ou se a Corte assegura seu ajuizamento nos termos do subparágrafo 2 (b) dessa Rule, tradução livre dos autores).

[118] Em verdade, todas as indicações de assimetrias no tratamento normativo das ações destinadas ao controle abstrato de constitucionalidade das leis estão a apontar que essa fragmentação da jurisdição em distintas vias de ação — particularidade do sistema brasileiro de *judicial review* — talvez não se revele a mais acertada, na medida em que favorece o surgimento de questões adjetivas, em detrimento daquilo que é a prioridade no controle de constitucionalidade, a saber, o contraste entre a norma impugnada e o texto constitucional.

2.6 Ainda perplexidades do sistema – A aproximação das figuras do amicus curiae e dos participantes em audiência pública na visão do STF

O conjunto de preceitos acima identificado tem determinado, no curso do processamento dos feitos em concreto, fraturas lógicas internas na teorização do procedimento de controle abstrato de constitucionalidade. Do ponto de vista doutrinário, têm-se empreendido a uma diferenciação entre a chamada figura do *amicus curiae* (associada às hipóteses dos arts. 7º, §2º, da Lei nº 9.868/99) e aqueles que, inobstante figurem igualmente como partícipes admitidos por sua potencial contribuição ao feito, venham a se fazer presentes em sede de audiências públicas. A ótica que orienta a aludida diferenciação é de fundo processual, e tem inspiração na própria visão desenvolvida pelo STF, que encaminhou o debate em torno da interpretação da figura do *amicus curiae* (particularmente) a partir dessa mesma perspectiva adjetiva, de uma relação de continente e conteúdo entre a vedação à intervenção de terceiros contida no art. 7º, *caput*, da Lei nº 9.868/99, e o autorizativo expresso no §2º do mesmo dispositivo legal.

Em que pese o fascínio do debate acerca da posição processual do *amicus curiae* e do participante de audiência — e os evidentes efeitos decorrentes das prerrogativas próprias a cada qual dessas condições —, o que se objetiva é demonstrar relevantes temas ainda não cogitados, relacionados ao caráter de *promoção do diálogo social* que é de se reconhecer quanto a cada qual dessas hipóteses.

Superada a vedação absoluta ao ingresso de outros que não os proponentes da demanda e incorporada à rotina do STF a possibilidade da presença de *amicus curiae*,[119] todo o debate tem-se por deslocado para a identificação da condição que abre a oportunidade para o ingresso do terceiro — relevância da matéria e representatividade do postulante — bem como quais seriam as prerrogativas que a esse ingressante seria de se reconhecer.

---

[119] O *leading case* se deu nos autos da ADI-MC nº 2.130/SC, no qual a Associação dos Magistrados Catarinenses, no ano de 2001, buscou ver a si reconhecido o direito de sua intervenção na qualidade de *amicus curiae*. Aqui se reverteu o entendimento restritivo anterior que enfatizava a vedação à intervenção de terceiros enunciada no *caput* do art. 7º da Lei nº 8.868/99, para ressaltar a importância da figura do *amicus curiae* como "fator de legitimação social". A partir desse pressuposto, não somente se admitiu a atuação da Associação requerente, mas também a possibilidade de apresentação de memoriais e de formular sustentação oral de suas razões. A matéria hoje tem regulação expressa no art. 131, §3º, do RISTF.

O STF tem, progressivamente, ampliado o espectro de atuação desse que ingressa na condição de *amicus curiae*, assegurando-lhe o direito à oferta de memoriais e de sustentação oral sem que lhe tenha reconhecido ainda o direito à interposição de recursos,[120] salvo aquele que tenha por objeto exatamente a decisão de inadmissão do interveniente. Curiosamente, ainda que nessa trajetória ampliativa das possibilidades de participação do *amicus curiae*, a jurisprudência da Corte segue referindo a este como *terceiro*, ou seja, como alguém que não integra a relação processual.

De outro lado, a intervenção provocada *por iniciativa do Relator*, que na história recente da Corte tem se verificado por intermédio de audiências públicas, é fenômeno que se pode materializar nos autos a partir de, pelo menos, um pressuposto idêntico àquele do ingresso do *amicus curiae*, a saber, *a natureza da matéria* e a relevância das contribuições que possam advir de outros, que não os formalmente integrantes da demanda. É certo que na literalidade do texto, o art. 7º, §2º, alude à *relevância da matéria*, e o art. 9º, §1º, alude ao *esclarecimento da matéria*, mas parece evidente que a busca pelo Relator de informações adicionais é fenômeno que só se porá em temas igualmente revestidos de importância.

Não obstante a ressalva à presença destes fatores determinantes, desde a primeira vez que o STF utilizou a audiência pública, no embate acerca da utilização de células tronco, o então Ministro Relator Ayres Britto justificou a convocação não somente na questão informativa, subsidiária à construção da decisão, mas também valorizando sua importância como veículo de abertura à participação social.[121] No mesmo sentido, já se pronunciou o Min. Celso de Mello, associando esse vetor de recognição do pluralismo à legitimação das decisões judiciais

---

[120] agravos regimentais nos embargos de declaração em ação direta de inconstitucionalidade. Embargos de declaração opostos por amicus curiae. Não-conhecimento dos embargos por ausência de legitimidade recursal. Pretensão, da autora da ADI, de conhecimento dos embargos "como se seus fossem". Não-cabimento. 1. Agravo regimental interposto pelo Sindicato Nacional das Empresas distribuidoras de Gás Liquefeito de Petróleo – SINDIGÁS. *O entendimento desta Corte é no sentido de que entidades que participam dos processos objetivos de controle de constitucionalidade na qualidade de amicus curiae não possuem, ainda que aportem aos autos informações relevantes ou dados técnicos, legitimidade para recorrer.* Precedentes. [...] (ADI nº 2.359 ED-AgR, Relator(a): Min. Eros Grau, Tribunal Pleno, julgado em 03.08.2009, grifos nossos).

[121] "a audiência pública, além de subsidiar os Ministros deste Supremo Tribunal Federal, também possibilitará uma maior participação da sociedade civil no enfrentamento da controvérsia" (ADI nº 3.510).

ali construídas.[122] Com isso, minimiza-se o *título* pelo qual se admite a interveniência dos interlocutores que não são originalmente parte processual, para enfatizar o *efeito*, a saber, democratização do debate, na busca da real representação argumentativa nos termos referidos por Alexy (2007, p. 54), que se verifica *"...quando os argumentos do tribunal encontram uma repercussão no público e nas instituições políticas, que levam a reflexões e discussões que resultam em convencimentos revisados"*.

Uma primeira manifestação da aproximação entre os institutos — ou mesmo de uma relação quase que simbiótica — se tem no próprio *leading case* em que se empreendeu à convocação de audiência pública, a saber, a já referida ADI nº 3.510, Rel. o Min. Ayres Britto, Na ocasião, optando pela realização da audiência pública, determinou o Relator do feito a intimação não só das partes (Requerente e Requeridos) para a indicação de possíveis participantes da audiência pública. Também os *amici curiae* já admitidos no feito foram objeto da mesma intimação, num curioso *mix* de atuações, em que o terceiro (que não é parte) tem a prerrogativa de indicar quais os eventuais participantes da diligência oral que poderiam contribuir à compreensão da *vexata quaestio*.

Um outro elemento de aproximação entre os institutos tem sido a compreensão emprestada à hipótese autorizadora de intervenção do *amicus curiae*, a saber a *representatividade do postulante*. No tema, distanciou-se o STF de elementos numéricos na identificação dessa característica para aproximar-se daquelas hipóteses que igualmente autorizam a convocação da audiência pública, a saber, experiência e autoridade na matéria detida pelos convidados a participar (art. 9º, §2º, *in fine* da Lei nº 9.868/99). Parece ter andado bem o STF nessa compreensão, na medida em que, sendo a própria *judicial review* identificada como mecanismo antimajoritário, associar à participação nela requisitos construídos a partir de uma concepção de majoritarianismo seria uma contradição em seus próprios termos. Como se vê, há uma significativa zona de interseção entre as figuras do *amicus curiae* e aquela da audiência

---

[122] "Tenho para mim, contudo, na linha das razões que venho de expor, que o Supremo Tribunal Federal, em assim agindo, não só garantirá maior efetividade e atribuirá maior legitimidade às suas decisões, mas, sobretudo, valorizará, sob uma perspectiva eminentemente pluralística, o sentido essencialmente democrático dessa participação processual, enriquecida pelos elementos de informação e pelo acervo de experiências que o amicus curiae poderá transmitir à Corte Constitucional, notadamente em um processo — como o de controle abstrato de constitucionalidade — cujas implicações políticas, sociais, econômicas, jurídicas e culturais são de irrecusável importância e de inquestionável significação" (Ministro Celso Melo – ADI nº 2.130/SC). No mesmo sentido: ADI-MC nº 2.321/DF – Relator Celso Mello; ADI-QO nº 2.223/DF – Relator Marco Aurélio.

pública — ao menos no que toca ao objetivo da admissão do ingresso no feito. Numa e noutra hipótese, o que se deseja é a *ampliação do debate*, com a participação de outros agentes, que não os integrantes formais da relação processual, que possam agregar, por sua representatividade ou *expertise*, dados relevantes à solução da demanda.

Mais ainda, a recente Emenda Regimental nº 29/09, que introduziu no RISTF a disciplina das audiências públicas, acentuou essa aproximação, na medida em que determinou no art. 154, VI, que *"os trabalhos da audiência pública serão registrados e juntados aos autos do processo, quando for o caso, ou arquivados no âmbito da Presidência"*; do que resulta integrem as contribuições formuladas em audiência, o *acervo documental* que reproduz aquele processo abstrato. Assim, da mesma maneira que o *amicus curiae* se manifesta a partir de seus memoriais, que são juntados aos autos, aqueles que participem de audiências públicas têm igualmente conduzido aos autos suas contribuições.

É certo que o volume de incidências entre as duas figuras não é suscetível de comparação: do ponto de vista operacional, é natural esteja a Corte mais inclinada a admitir o ingresso de *amici curiae* do que a realização de audiências públicas. Esse dado todavia não é suficiente para afastar a inequívoca aproximação já apontada, que encontra explicação na sua *instrumentalidade à formação da decisão*. Ambos os institutos vêm sendo vistos pela Corte como mecanismos promotores do *diálogo com a sociedade*, entendida essa expressão no sentido amplo, compreendendo leigos e *experts*.

2.7 Pontos para a reflexão analítica

O percurso ao tratamento normativo conferido aos institutos relacionados a uma abertura dialógica no campo da jurisdição constitucional brasileira se propôs para o mapeamento da tendência — demonstrada nessas páginas — da Corte de transcender aos limites originalmente concebidos para as figuras do *amicus curiae* e da audiência pública de sentido mais informativo, aproximando-os em favor da maior participação e legitimidade da decisão. Cabe perquirir, com a análise centrada, especialmente nas audiências públicas convocadas pelo Supremo Tribunal Federal, se há um espectro amplo nessa busca da fundamentação de legitimidade do processo decisório articulado com a presença da sociedade. De outro lado, se esse universo não é tão geral, qual é estratégia que se identifica até agora adotada pelo Supremo Tribunal Federal?

CAPÍTULO 2
TRATAMENTO NORMATIVO DAS FIGURAS DESTINADAS À ABERTURA AO DIÁLOGO SOCIAL | 61

Essa constatação da interpretação mais ampliativa dos limites e possibilidades do *amicus curiae*, por sua vez, tematiza outros aspectos importantes relacionados a essa mesma tendência judicial. Já se apontou que se o elemento justificador dessa interpretação mais dilargada consiste na ampliação do universo de agentes envolvidos no processo de construção da decisão judicial no controle abstrato de constitucionalidade, dois outros elementos que se apresentam como relevantes serão *os critérios para (in)admissão de participantes*, seja na condição formal de *amicus curiae*, nos termos do art. 7º, §2º, da Lei nº 9.868/99, seja naquela decorrente do convite do Relator expressa no art. 9º, §2º; e ainda a aferição da *real consideração dos termos das intervenções oferecidas* na cunhagem da referida decisão judicial.

No cerne disso está a preocupação em se conferir visibilidade às razões que efetivamente orientam esses dois vetores do comportamento judicial. Afinal, já indicava Friedman (2006) que também as decisões havidas no âmbito da *judicial review* estão sujeitas a diversos elementos políticos de constrição — não aqueles contrastados com a independência institucional do órgão, mas aqueles atinentes aos múltiplos fatores, além da letra da lei, que influenciam na sua formulação.

Juízes, destaca Friedman (2006, p. 270-271), também têm em conta na formação da decisão elementos tão variáveis (e humanos) como alcançar os resultados que eles preferem, antecipar o que outras pessoas ou grupos pensam deles baseado no conteúdo de suas decisões,[123] zelar para que suas decisões sejam obedecidas, etc. O reconhecimento dessas mesmas constrições, de outro lado, levou Bateup (2006) a afirmar que no direito norte-americano, não obstante a afirmação da supremacia judicial, a jurisdição constitucional se tem por mais bem conceituada como parte de um amplo diálogo entre a Suprema Corte e outros atores, acerca do significado da Constituição.

O ponto nodal de tudo isso está em aprofundar a reflexão sobre qual seja o elemento definidor dessa abertura dialógica — ou da negação dela — no exercício da jurisdição constitucional no sistema brasileiro. Afinal, se os institutos do *amicus curiae* e da audiência pública se revelam legitimadores da decisão, posto que viabilizadores da abertura no debate sobre o sentido constitucional, o afastamento de qualquer um

---

[123] Curiosamente, a conclusão de Spriggs e Wahlbeck (1997) em relação ao papel do *amicus curiae* no sistema norte-americano compreende justamente reduzir problemas de informação na Corte, ajudando os juízes a antecipar o impacto de suas decisões, corroborando o argumento de Friedman (2009) de que esse seja um fator relevante no processo decisório.

deles estaria a recomendar, quando menos, uma decisão mais substantiva no que toca às suas razões determinantes.

Admitir que essa negativa resida exclusivamente num juízo discricionário do Relator implica em reconhecer que as constrições que incidem sobre o processo de construção da decisão judicial remanesçam ocultadas pelo argumento da discricionariedade do julgador.

Da mesma forma, desconsiderar na decisão final os elementos aportados em sede de audiência pública — ou fazê-lo a partir de uma assertiva simplista, de que isso assim ficou assentado naquela oportunidade — está a sugerir que o reduzido diálogo entre a Corte e aqueles que esta, Corte, entendeu de convidar a participar na decisão decorra igualmente de constrições à decisão judicial que não se deseje clarificar.

O amadurecimento da democracia, do constitucionalismo democrático e da prática da jurisdição constitucional já permitiu a superação de inúmeros mitos em nosso país. O do caráter apolítico da Corte Constitucional é um deles, superado pela afirmação de seu papel de garantidora da ordem constitucional, ainda que disso decorra a judicialização das relações políticas.[124] A queda desse mito, todavia, atrai uma permanente e crescente preocupação com a legitimidade da atuação desse órgão de poder.

É essa mesma preocupação que levou o STF a admitir e ampliar o espectro e alcance das figuras sob análise. Cumpre, porém, prosseguir nesse desenvolvimento dos instrumentos dialógicos, dedicando o próximo esforço reflexivo à desconstrução do suposto caráter discricionário do emprego desses institutos de abertura democrática. Elemento precioso para essa parametrização do uso dos institutos de promoção da via dialógica será a análise da "práxis" das audiências públicas materializadas pelo Supremo Tribunal Federal: é possível afirmar tenha ela sido apta ao desenvolvimento de um processo efetivamente democrático de construção da decisão?

---

[124] "De outro lado, Senhor Presidente, a crescente judicialização das relações políticas em nosso País resulta da expressiva ampliação das funções institucionais conferidas ao Judiciário pela vigente Constituição, que converteu os juízes e os Tribunais em árbitros dos conflitos que se registram na arena política, conferindo, à instituição judiciária, um protagonismo que deriva naturalmente do papel que se lhe cometeu em matéria de jurisdição constitucional" (DISCURSO proferido pelo Ministro Celso de Mello, em nome do Supremo Tribunal Federal, na solenidade de posse do Ministro Gilmar Mendes, na presidência da Suprema Corte do Brasil, em 23 abr. 2008. Disponível em: <http://www.stf.jus.br/arquivo/cms/noticiaNoticiaStf/anexo/discursoCMposseGM.pdf>. Acesso em: 16 jan. 2011).

CAPÍTULO 3

O VIVER DAS AUDIÊNCIAS PÚBLICAS NO STF – CRÔNICA DE UMA EXPERIÊNCIA INSTITUCIONAL EM DESENVOLVIMENTO

Aponta a casuística do Supremo Tribunal Federal, como já se teve oportunidade de informar, a realização de 5 (cinco) audiências públicas, 4 (quatro) delas convocadas no bojo de ações de controle abstrato de constitucionalidade, e uma sem a referência específica a uma determinada demanda judicial em curso. Esse universo da casuística, embora se revele ainda tímido em números, nem por isso é pobre em resultados de observação.

3.1 Complexidade das demandas e sua indução ao uso do instituto das audiências públicas

Apontou-se no capítulo 2, as dificuldades em se delimitar com precisão — ainda que no campo normativo — qual o papel e conteúdo de cada qual dos instrumentos de promoção de diálogo social no âmbito do STF. Essa mesma dificuldade se vê reproduzida no cenário das demandas em que culminou aquela Corte por proceder à convocação de audiências públicas. Identificar o título jurídico por intermédio do qual terceiros haveriam de ingressar para oferecer contribuições ao conflito posto perante a Corte Constitucional se apresentou como uma dificuldade inicial. Da mesma forma, reconhecida a realização de audiências públicas como ferramenta relevante sob o prisma da legitimação da decisão, identificar os critérios para delimitação dos interlocutores e para condução do diálogo se revelou tarefa de alta complexidade.

Para a real compreensão dos desafios impostos à construção da prática desse novo instituto dialógico, útil se revela a leitura e análise do universo de audiências realizadas até o momento, com um destaque menos no conteúdo das intervenções, e mais na dinâmica do seu processamento sob a perspectiva justamente da abertura para o desenvolvimento de uma dialética com a sociedade,

É o exercício que abaixo se desenvolve.

3.2 ADI nº 3.510 –Audiência pública – Uso terapêutico de células tronco embrionárias[125]

A ADI nº 3.510 foi proposta em 30 de maio de 2005, pela Procuradoria-Geral da República, impugnando os termos do art. 5º da Lei nº 11.105 de 24 de março de 2005, conhecida como Lei de Biossegurança.

O dispositivo permite a utilização, para fins de pesquisa, de células-tronco extraídas de embriões humanos, obtidas por meio de fertilização *in vitro*, não aproveitadas neste procedimento para fins de pesquisa e terapia, atendidos alguns requisitos constantes do mesmo diploma legal.

A matéria era polêmica e trouxe à baila questões morais de grande repercussão, no eterno debate que há muito circula nos anais das ciências e das religiões acerca da definição de um marco para o início da vida.

O ponto fulcral da inconstitucionalidade aludida se resumiu na tese de que o início da vida aconteceria no momento da fecundação e que, portanto, a manipulação de embriões constituiria um atentado aos direitos fundamentais à vida e à dignidade da pessoa humana, esculpidos nos arts. 1º, III; e 5º da Constituição da República.[126]Outros

---

[125] Essa particular audiência pública foi objeto da monografia de Rafael Scavone: "A Audiência Pública realizada na ADI 3510-0: a organização e o aproveitamento da primeira audiência pública da história do Supremo Tribunal Federal", apresentada em 2008 na Escola de Formação da Sociedade Brasileira de Direito Público. Disponível em: <http://www.sbdp.org.br/ver_monografia.php?idMono=125>. Acesso em: 18 fev. 2011.

[126] A ação articulou vários outros direitos e discussões morais, como o aborto, a pesquisa científica em prol do desenvolvimento de alternativas terapêuticas, dentre outras. O Ministro Relator ressaltou a complexidade do tema e da gama de direitos compreendidos: (...) "O tema também se alocou fortemente no campo da definição do início da vida humana e da identidade, ou não, desse início com o próprio ser humano, por conseqüência, com a tutela jurídica do embrião, já do ponto de vista extra-uterino, como se pessoa fosse.
Mas, aqui também, dois outros valores ou bens, juridicamente tutelados a partir da própria Constituição, foram expostos e defendidos. Um é o direito à saúde; outro, à livre expressão da atividade científica" (Notas Taquigráficas, p. 214). Disponível em: <http://redir.stf.jus.br/estfvisualizadorpub/jsp/consultarprocessoeletronico/ConsultarProcessoEletronico.jsf?seqobjetoincidente=2299631>. Acesso em: 29 nov. 2010.

direitos juridicamente tutelados na Constituição também circundaram o julgamento, como o direito à saúde dos virtuais beneficiários das pesquisas científicas que delas se valessem e à livre expressão da atividade científica.

A petição inicial colacionou pareceres de renomados cientistas para corroborar a tese autoral pela inconstitucionalidade e trouxe, ainda, a peculiaridade de formular requerimento para realização de audiência pública, com fundamento no art. 9º da Lei nº 9.868/99, já trazendo, na oportunidade, rol de *experts* a serem ouvidos.

Diz-se peculiaridade porque, até então, jamais o Supremo Tribunal Federal havia se utilizado de tal instrumento, inaugurado a partir desta ação, e curiosamente não por provocação da Corte — em tese os beneficiários diretos dos elementos que se pudesse colher nas audiências —, mas por solicitação da parte.

A repercussão da matéria também mobilizou a sociedade para participação no processo. Foram sete pedidos de ingresso no feito, na qualidade de *amicus curiae*, dos quais cinco deles foram deferidos.[127]

Estes "amigos da corte" participaram ativamente do processo, acostando pareceres, matérias jornalísticas, obras literárias específicas acerca da matéria, tudo na defesa de seus posicionamentos.

Houve, ainda, manifestações afins de entidades e pessoas que não formularam pedido para integrar à lide, mas tão somente acostaram documentos para solidificar os argumentos acerca do posicionamento para o qual tomavam partido.[128]

---

[127] Não houve fundamentação do relator para o deferimento ou indeferimento dos requerentes à integração na qualidade de *amicus curiae*, não obstante no relatório ter sido justificada, também de maneira superficial, a escolha dos participantes: "...Admiti no processo, na posição de 'amigos da corte' (amici curiae) as seguintes entidades da sociedade civil brasileira: Conectas Direitos Humanos; Centro de Direitos Humanos-CDH; Movimento em Prol da Vida-Movitae; Instituto de Bioética, Direitos Humanos e Gênero – ANIS; Confederação Nacional dos Bispos – CNBB, *entidades de saliente representatividade nacional, postadas como subjetivação dos princípios constitucionais do pluralismo genericamente cultural* (preâmbulo da Constituição) *e político* (inciso V do art. 1º da nossa Lei Maior), o que certamente contribuirá para o adensamento do teor de legitimidade da decisão a ser proferida nesta ADIN" (relatório p. 3-4). Disponível em: <http://redir.stf.jus.br/estfvisualizadorpub/jsp/consultarprocessoeletronico/ConsultarProcessoEletronico.jsf?seqo bjetoincidente=2299631>. Acesso em 29 nov. 2010 (grifos nossos). Indeferido o pedido do quinto pretenso participante, qual seja, Fundo Institucional – First, sob a fundamentação de que o pedido era intempestivo, mas facultada apresentação de memoriais, numa interessante evidenciação da hesitação do Relator entre os requisitos formais próprios a uma visão subjetiva do processo e as vantagens da abertura dialógica num procedimento objetivo, envolvendo questões morais de tamanha gravidade.

[128] Um bom exemplo é a manifestação da Associação Católicos para o Direito de Decidir, que atravessou petição somente para acostar pesquisa de opinião pública contrária a utilização das células-tronco embrionárias na pesquisa científica.

O Ministro Relator Carlos Brito determinou a realização da audiência pública no dia 20.04.2007, com fundamento no §1º do art. 9º da Lei nº 9.868/99, como forma de obtenção de subsídios técnicos para o julgamento da ação, em face da relevância da matéria e, ainda, como estandarte de legitimidade por força da participação da sociedade.[129] O instrumento foi por ele valorizado como sendo um "mecanismo da democracia direta participativa".[130]

A ausência de disposição normativa para nortear a realização da primeira audiência pública foi uma preocupação do Relator, que optou por utilizar como parâmetro para presidir a condução dos trabalhos de oitiva dos arguentes o Regimento Interno da Câmara dos Deputados, arts. 255 *usque* 258.

A decisão convocatória[131] determinou a intimação das partes e dos *amici curiae* para a audiência pública, ainda com a expedição de convites para o rol de especialistas indicados na peça inaugural.

Os procedimentos do Regimento da Câmara foram seguidos à risca: a audiência ocorreu em dois turnos, com a participação de 22 especialistas que foram divididos em grupos qualificados como "contrários" e "favoráveis" à tese central, divididos em turnos: na parte da manhã 07 especialistas a favor e 05 contra; na parte da tarde 06 especialistas com parecer contrário e 05 a favor, cada qual com 20 minutos para apresentação.

Os *experts, em sua totalidade,* eram membros da academia: professores, pesquisadores, coordenadores de centros médicos e outros profissionais com um conhecimento muito específico da matéria.

O Ministro Relator não explicitou abertamente tais critérios selecionadores nas duas decisões por ele proferidas para a concretização

---

[129] Vide decisão de fls 725-726, na íntegra, no anexo I. Disponível em: <http://redir.stf.jus.br/estfvisualizadorpub/jsp/consultarprocessoeletronico/ConsultarProcessoEletrônico.jsf?seqobjetoincidente=2299631>. Acesso em: 29 nov. 2010.

[130] "...convencido de que a matéria certamente versada nesta Ação Direta de Inconstitucionalidade é de tal relevância social que passa a dizer respeito a toda humanidade — relevância bem espelhada nos múltiplos questionamentos sobre a tutela do direito à vida e o próprio concito de pessoa humana — determinei a realização de audiência pública, esse notável mecanismo constitucional de democracia direta ou participativa. O que fiz por provocação do mesmíssimo professor Cláudio Fonteles e com base no §1 do artigo 9 da Lei 9.868/99, mesmo sabendo que se tratava de experiência inédita em toda trajetória do Poder Judiciário Brasileiro" (Relatório, p. 4). Disponível em: <http://redir.stf.jus.br/estfvisualizadorpub/jsp/consultarprocessoeletronico/ConsultarProcessoEletrônico.jsf?seqobjetoincidente=2299631>. Acesso em: 29 nov. 2010.

[131] *Vide* decisão de fls 725-726, na íntegra. Disponível em: <http://redir.stf.jus.br/estfvisualizadorpub/jsp/consultarprocessoeletronico/ConsultarProcessoEletrônico.jsf?seqobjetoincidente=2299631>. Acesso em: 29 nov. 2010.

do evento, limitando-se a mencionar sem delongas, que o objetivo seria a oitiva de *"pessoas com reconhecida autoridade e experiência no tema"*, com fundamento no §1º do art. 9º da Lei nº 9.868/99. Em contrapartida, em seu relatório para o julgamento, afirma que foi proporcionada a abertura para *"dialogar com cientistas não pertencentes a área jurídica"* para, posteriormente, ressaltar que o objeto de estudo abrangia *"os mais numerosos setores do saber humano formal"*.[132]

Tais elementos permitem uma leitura de que em verdade, a audiência pública em apreço, não revelou o objetivo democrático e deliberativo tão amplamente declarado por diversas vezes pelo Ministro Relator, na medida em que não se vislumbrou a oportunidade para a manifestação livre da sociedade, em face do critério fechado e das preferências reveladas na prática, não somente no que tange ao deferimento dos participantes, mas também, no que se refere ao conteúdo marcadamente científico das explanações.[133]

Importante ainda destacar que não obstante o evidente caráter informador do elemento técnico — quando se inicia a vida —, o pano de fundo do debate se relaciona a uma grave questão moral, cuja sensibilidade social não teve a rigor oportunidade para aflorar, à vista do recorte empreendido pelo Relator no que toca aos participantes do diálogo.

O Relator conduziu as exposições com "mão de ferro", intervindo por diversas vezes, sob os mais diferentes argumentos: os depoimentos deveriam ser estritamente de cunho técnico, *não permitido comentários de conteúdo moral* ou político, bem como, vedadas demonstrações de

---

[132] "À derradeira, confirmo o que já estava suposto na marcação da audiência em que este Supremo Tribunal Federal abriu as suas portas para dialogar com cientistas não pertencentes à área jurídica: o tema central da presente ADIN é salientemente multidisciplinar na medida em que o objeto de estudo de numerosos setores do saber humano formal, como o Direito, a Filosofia, a Religião, a Ética, a Antropologia e as Ciências Médicas e Biológicas, notadamente, a genética e a embriologia" (...) (Relatório, p. 11). Disponível em: <http://redir.stf.jus.br/estfvisualizadorpub/jsp/consultarprocessoeletronico/Consultar ProcessoEletronico.jsf?seqobjetoincidente=2299631>. Acesso em: 29 nov. 2010.

[133] Na visão do Ministro Relator o ambiente propiciou o pluralismo e a democracia simplesmente porque houve manifestação científica de dois posicionamentos antagônicos: "De outra parte, eu fico muito feliz; conforme realçou a Ministra Ellen Gracie, o Supremo experimenta, no dia de hoje, pela primeira vez, um mecanismo de democracia participativa ou democracia direta, que é essa possibilidade de um seguimento, muito bem organizado, científico, da população contribuir para a formatação de um julgado que lhe diz imediato respeito e repercute na vida de toda a população. Metaforicamente democracia é isso mesmo, é prestigiar as bases, deslocando quem está na platéia, habitualmente, para o palco das decisões coletivas. É como um movimento que o poder decisório assume ascendentemente, não de cima para baixo, mas de baixo para cima" (notas taquigráficas, p. 215-216). Disponível em: <http://redir.stf.jus.br/estfvisualizadorpub/jsp/consultarprocessoeletronico/ ConsultarProcessoEletronico.jsf?seqobjetoincidente=2299631>. Acesso em: 29 nov. 2010.

embate entre opositores,[134] manifestações da plateia também foram tolhidas.[135] Argumentos jurídicos não foram aceitos[136] ao argumento de que aquela não era a sede própria para esse tipo de debate, que deveria se verificar posteriormente, em Plenário.

Em contrapartida, alguns posicionamentos éticos ocorreram, sob a justificativa de que a ética seria matéria constante no dispositivo em discussão.[137]

No que toca à dinâmica da comunicação, o cenário deliberativo que se construiu tinha cunho meramente informativo, ilustrativo, sem qualquer possibilidade de contradita ou convencimento entre as partes, o que, a par de restringir o próprio potencial de debate, impediu uma

---

[134] "Só para lembrar, a presente ação direta de inconstitucionalidade foi proposta pelo Ministério Público, pela Procuradoria-Geral da República. Ela impugna todo o artigo 5º da Lei de Biossegurança, que possibilita o uso das células-tronco embrionárias, obtidas a partir de embriões humanos, para fins de terapia e de pesquisa científica. A primeira parte expositiva transcorreu em clima de respeito, de reverência. Não houve contraposição de quem quer que fosse. O certo é isso. Aqui, não haverá contraditório, debate, confronto" (intervenção do Relator, notas taquigráficas, p 55). Disponível em: <http://redir.stf.jus.br/estfvisualizadorpub/jsp/consultarprocessoeletronico/ConsultarProcessoEletronico.jsf?seq objetoincidente=2299631>. Acesso em: 29 nov. 2010.

[135] "Mais uma vez peço que a platéia não se manifeste, porque, no âmbito das sessões jurisdicionais, não existe essa possibilidade de participação. Embora se trate de uma audiência pública — já expliquei —, esta que estamos a promover tem um caráter instrumental, tem um caráter instrutório de uma outra que será realizada para julgamento do mérito da causa" (intervenção do Relator, notas taquigráficas, p. 63). Disponível em: <http://redir.stf. jus.br/estfvisualizadorpub/jsp/consultarprocessoeletronico/ConsultarProcessoEletronico. jsf?seqobjetoincidente=2299631>. Acesso em: 29 nov. 2010.

[136] "Quero louvar, nos expositores, esse apego fiel e irrestrito ao tema da exposição, sem descambar, por exemplo, para a área jurídica. Este não é o momento de falar juridicamente, de fazer sustentação oral do ponto de vista jurídico. Teremos uma audiência para isso, com sustentações orais de parte a parte" (intervenção do Relator, notas taquigráficas, p. 71). Disponível em: <http://redir.stf.jus.br/estfvisualizadorpub/jsp/consultarprocessoeletronico/ConsultarProcessoEletronico.jsf>. Acesso em: 02 dez. 2010.

[137] O Ministro Relator esclarece porque não interveio na exposição de cunho ético, do Doutor Rodolfo Acatauassú Nunes: "Presto um esclarecimento: o eminente expositor fez considerações de ordem médica e científica, sem dúvida, como fez de cunho ético. E eu não o interrompi, porque a própria Lei de Biossegurança tem um componente ético; leva em consideração valores que se situam no campo da ética. É o §2º do artigo 5º, quando diz o seguinte:
Art. 5º (...)
§2º Instituições de pesquisa e serviços de saúde que realizem pesquisa ou terapia com células-tronco embrionárias humanas deverão submeter seus projetos à apreciação e aprovação dos respectivos comitês de ética em pesquisa"
Ou seja, a lei contém um relato, um comando, condicionando pesquisas à aprovação dos respectivos "comitês de ética", "Instituições de pesquisa e serviços de saúde". A ética é também uma área, um setor, é uma ordem de conhecimentos que nos serve como uma pauta, um molde, um paradigma de equacionamento dessa questão que estamos a debater (notas taquigráficas, p. 136-137). Disponível em: <http://redir.stf.jus.br/estfvisualizadorpub/jsp/consultarprocessoeletronico/ConsultarProcessoEletronico.js>.

efetiva oitiva da real "vontade" social acerca do tema. A busca da formação de consenso, portanto, se apresentava como uma operação lógico-argumentativa que tinha por destinatários não a sociedade, mas em tese a própria Corte.

A justificativa para esse formato de audiência foi a de que o local apropriado para o embate argumentativo seria o Plenário, no curso da sessão de julgamento propriamente dita. A tese tem suas fragilidades, posto que é sabido que nesta oportunidade também não há espaço para as "vozes da sociedade", restringida a sessão tão somente à manifestação das partes envolvidas,[138] e uma vez mais sem uma dialética que contribua efetivamente à formação do convencimento em caráter mais amplo.

Em suma, as exposições, dentro de suas perspectivas, explicaram com riqueza de detalhes basicamente questões técnicas, tais como: o momento da concepção, as diferenças entre células-tronco adultas e embrionárias e suas potencialidades terapêuticas; os avanços das pesquisas neste campo; possíveis efeitos colaterais de sua utilização, dentre outros.

Ao final, houve abertura para uma troca de informações mais ativa de parte dos Ministros em relação aos participantes, com a formulação de perguntas, pelo Relator e ainda pelos Ministros Ricardo Lewandowski e Eros Grau, que embora não estivessem presentes, acompanhavam a audiência interagindo em vídeo. Observe-se que mesmo na etapa de diálogo com os Ministros, manteve-se a lógica de ordenação dos trabalhos, com oportunidades iguais para respostas dos dois blocos de opiniões, mediante a escolha de um integrante de cada grupo para manifestar-se acerca das mesmas perguntas, em um período de 10 minutos cada.

Em que pese o discurso de justificação da audiência, a síntese dos termos em que ela se desenvolveu evidencia que a forma de condução dos trabalhos não guardou total aderência com essa pretensão dialógica e pluralista. Vale registrar a síntese crítica de Scavone (2008):

---

[138] "Eu já havia combinado com o Ministro Joaquim Barbosa, que prossegue a nos prestigiar nesta sessão, que os temas, os enfoques, as análises de ordem propriamente jurídica ficarão para a audiência de julgamento do mérito da ADI. Haverá sustentação oral para esse fim. Tanto assim que alguns advogados e juristas se habilitaram para falar nesta sessão de hoje, e tivemos de demovê-los desse propósito, porque a exposição propriamente jurídica não é para hoje. Vossa Excelência, porém, poderá falar sobre o aspecto médico, que é de seu conhecimento, e não fazer uma análise de dispositivos jurídicos" (esclarecimentos prévios do Relator, no início dos trabalhos da parte da tarde. Notas taquigráficas, p. 99-100). Disponível em: <http://redir.stf.jus.br/estfvisualizadorpub/jsp/consultarprocessoeletronico/ConsultarProcessoEletronico.js>. Acesso em: 23 dez. 2010.

Tendo como parâmetro o caráter informativo da audiência pública, prescrito em lei, a decisão do Supremo Tribunal Federal seria tão mais esclarecida, quanto mais numerosos fossem os pontos de diálogo com as exposições dos especialistas que participaram do evento e maior fosse a consideração desses argumentos. O mesmo ocorreria com a sua representatividade, caso se partisse de uma concepção mais representativa do evento, como a defendida pelos Ministros Carlos Ayres Britto e Gilmar Ferreira Mendes. Valendo-se das alegorias construídas por esses dois Ministros, se o povo foi tirado da platéia e colocado no palco, ele, certamente, não protagonizou o espetáculo e, se a audiência pública fez do Supremo Tribunal Federal uma Casa do Povo, nela a voz do dono pouco foi ouvida.[139]

Realizaram ainda, os *amici curiae*, sustentação oral na seção de julgamento em Plenário, oportunidade deferida com fundamento no §2º do art. 7º da Lei nº 9.868 e §3 do art. 131 do Regimento Interno do Supremo Tribunal Federal, atravessando, ainda, memoriais. Importante destacar, neste contexto, requerimento atípico, formulado pelo Senado Federal para sustentação oral em Plenário, sem, no entanto, ter sido arrolado como parte na demanda, e tampouco postulado o ingresso como *amicus curiae*. Por certo, tal atitude evidencia uma falta de clareza em relação à figura e os deveres decorrentes da condição de *amicus curiae*, em detrimento às prerrogativas inerentes à Casa Legislativa.

A ação foi julgada improcedente, por maioria, vencidos os Ministros Menezes Direito, Ricardo Lewandowski, Eros Grau, Cezar Peluso e o então Presidente Gilmar Mendes.

3.3 *ADPF nº 101 – Audiência pública – Importação de pneus*

A ADPF nº 101 foi oferecida por iniciativa do Executivo, em 21 de setembro de 2006, a fim de ver afirmada a constitucionalidade de restrições editadas por atos regulamentares à importação de pneus usados.

A controvérsia se estruturou a partir de decisão do Tribunal *ad hoc* do Mercosul, que autorizou a importação de pneus usados entre seus Estados-Membros.

A decisão contrariava diversas normas e resoluções do poder público brasileiro, tais como, Portarias do Departamento de Operações do

---

[139] SCAVONE, 2008, p. 79.

Comércio Exterior (CECEX), Secretaria de Comércio Exterior (SECEX), Resoluções do Conselho Nacional do Meio Ambiente (CONAMA) e Decretos Federais, que vedavam taxativamente a importação de pneus remodelados, ratificando os preceitos gerais constantes na Convenção de Basileia, que reconhecia o direito dos Estados soberanos de proibição de entrada de resíduos agressivos em seus territórios.

A aludida decisão arbitral, autorizando aquela atividade comercial entre os membros do Mercosul, não só compeliu o Brasil à aceitação do produto da indústria da remodelagem latino-americana, mas também chamou a atenção da comunidade internacional que não se via igualmente alcançada por essas regras de exceção. O resultado foi a formulação de questionamentos advindos da União Europeia perante a Organização Mundial do Comércio (OMC) acerca desta disparidade de tratamento que excluía desse mercado os países não integrantes da referida aliança mercantil.

A fixação de precedentes decorrentes do desencadeamento de decisões judiciais que autorizavam a comercialização deste material em favor de países não integrantes do Mercosul passou a ser uma constante, trazendo temor ao poder público acerca das consequências ambientais, econômicas e diplomáticas desta abertura desenfreada provocada pelo judiciário.

A ação pretendia, calcada na reparação de lesão aos preceitos fundamentais da saúde e do meio ambiente ecologicamente equilibrado, bem como a livre iniciativa, isonomia e liberdade de comércio, esculpidos nos arts. 225 e 170, inc. VI, e 196 da Constituição da República, a declaração de constitucionalidade dos atos normativos nacionais que impediam a entrada no país, de pneus remodelados e a consequente cassação das decisões judiciais, inclusive àquelas transitadas em julgado, proferidas no sentido de admitir essa prática.

Vale desde já clarificar, que a maioria das partes beneficiadas com liminares nesses processos, posteriormente, tomaram a iniciativa de requerer sua admissão no feito na qualidade de *amicus curiae*.

A questão de ordem foi levada ao Plenário para a análise tanto da pertinência da ação, em relação aos outros instrumentos de controle de constitucionalidade existentes, bem como para a apreciação da liminar, qual seja, de suspensão das decisões judiciais dos Tribunais da Federação.

Inicialmente, a Ministra Relatora Cármen Lúcia, fundada na repercussão e complexidade técnica que envolvia a matéria, achou por bem não promover a apreciação do pedido liminar de plano,[140] decidindo pela realização de audiência pública, a fim de obter pareceres de especialistas acerca do tema e, por conseguinte, subsídios para o julgamento de mérito da ação.[141]

O despacho convocatório foi direcionado às partes e aos admitidos como *amici curiae* para indicação de especialistas à participação na audiência a ser realizada em 27 de agosto de 2008, via requerimento *on line*, com consignação da tese defendida.[142] Observa-se aqui a repetição do traço de construção do diálogo a partir de uma perspectiva binária de posições contrapostas — favoráveis e contrárias — que orientou a audiência anterior na ADI nº 3.150.

Ainda na mesma decisão, foram determinados os termos da realização do evento, com tempo de exposição delimitado em vinte minutos, iniciada pelo Arguente, seguindo-se posteriormente, uma ordem de alternância das teses defendidas — aspecto no qual se revela uma pequena modificação em relação à dinâmica adotada na ocasião anterior, na qual as teses divergentes foram expostas em blocos.

Importante salientar que tal como se verificou na ADI nº 3.510, o critério de seleção dos participantes da audiência *não foi o da convocação pública*, mas da incorporação das sugestões daqueles que já se tinha presentes na relação processual sob esse título de adjutores da Corte. O mecanismo de seleção assegura algum nível de representatividade, mas não parece consentâneo com o ideal de abertura democrática à participação da sociedade como um todo, que não dispunha, a rigor, de um canal direto de comunicação com a Corte.

---

[140] Essa estratégia de construção da decisão judicial — que abdica do exame de liminar em sede de ação de controle abstrato de constitucionalidade, e opta pela análise diretamente da matéria de mérito — se apresenta com frequência, e tem em perspectiva gerar de pronto a solução definitiva e, por via de consequência, maior segurança jurídica.

[141] "Faz-se mister, entretanto, exame mais acurado das razões e dos fundamentos que envolvem os diretamente interessados na matéria. O número de requerimentos de comparecimento a esta Argüição na condição de amicus curiae é demonstrativo da repercussão social, econômica e jurídica tocados pela matéria discutida nesta Argüição. Também não se há desconhecer que questões técnicas sobre a importação dos pneus e a forma de tal providência ser adotada ou afastada, nos termos da legislação vigente, impõe, para maior compreensão das questões postas, audiência de especialistas" (Min. Relatora Cármen Lúcia, decisão monocrática proferida em 09.06.2008. Disponível em: <http://redir.stf.jus. br/estfvisualizadorpub/jsp/consultarprocessoeletronico/ConsultarProcessoEletronico.jsf? seqobjetoincidente=2416537>. Acesso em: 02 dez. 2010).

[142] *Vide* a íntegra da decisão monocrática que decidiu pela realização da audiência pública e seus parâmetros. Disponível em: <http://redir.stf.jus.br/estfvisualizadorpub/ jsp/consultarprocessoeletronico/ConsultarProcessoEletronico.jsf?seqobjetoinciden te=2416537>. Acesso em: 02 dez. 2010.

CAPÍTULO 3
O VIVER DAS AUDIÊNCIAS PÚBLICAS NO STF – CRÔNICA DE UMA EXPERIÊNCIA INSTITUCIONAL ... | 73

Neste diapasão, não obstante a matéria apresentar-se como de interesse geral e de grande repercussão, o que propiciaria uma maior participação popular, dando margem a um universo deliberativo amplo, a audiência pública em apreço não se revelou apta a gerar esse resultado democrático, por força do próprio delineamento traçado pela Ministra Relatora.

É certo que esse resultado — legitimação da decisão pela abertura ao diálogo social — não foi particularmente valorizado pela Min. Cármen Lúcia no despacho convocatório, que aparentemente sobrevalorizava a dimensão técnica da disputa. Mesmo isso se mostra relevante como demonstração da diversidade de visões quanto às finalidades e conteúdos possíveis da audiência pública.

Foram articulados 22 pedidos de integração à lide na qualidade de *amicus curiae*, alguns deles cumulam pedidos de participação na audiência pública, bem como de sustentação oral em Plenário na seção de julgamento.[143]

O tratamento diferenciado das formas de manifestação e integração à lide trouxe confusão interpretativa, a exemplo daquele articulado pela Associação de Defesa da Concorrência Legal e dos Consumidores Brasileiros (ADCL), que formulando pedido para sustentação oral, acabou por integrar a lide como "amigo da corte", porém não teve sua pretensão à exposição em audiência pública acolhida. Em contrapartida, a Recap Pneus Maringá, que pretendia somente a oportunidade de sustentação oral em plenário, não viu sua pretensão acolhida, sob a justificativa de que não havia sido formulado previamente pedido de integração na qualidade de *amicus curiae*.

Foram deferidos 13 requerimentos em despachos desprovidos de qualquer fundamentação quanto aos critérios de seleção. Os pedidos indeferidos, em sua grande maioria, fundaram-se superficialmente em questões de formalidade processual, tais como: falha na representação, a exemplo de requerente Líder Remodelagem, que não acostou aos autos instrumento de mandato; decurso de prazo para apresentação dos pedidos, ou ausência de representatividade do requerente.

Interessante tecer duas reflexões acerca dos critérios de indeferimento de participantes, externados pela Ministra Relatora: 1. se na sua essência, o *amicus curiae* contribui com informações à Corte, disso

---

[143] Tenha-se em conta que no único precedente já havido em matéria de audiência, qual seja, a ADI nº 3.150, não foi autorizada a realização de debate jurídico, salvo na sessão de julgamento. Esta vedação tornou compreensível a cumulação de pedidos de participação tanto para a audiência pública quanto para a sessão de julgamento.

não deveria necessariamente decorrer a exigência de capacidade postulatória, que a propósito, na processualística civil, trata-se de vício sanável; 2. No que tange ao requisito representatividade do postulante, a abrangência do termo e a ausência de fundamentação específica traz a dúvida, por exemplo, porque o postulante indeferido, CADE – Conselho Administrativo de Defesa Econômica, não se enquadraria nesta exigência.

A partir de todas as indicações de especialistas para a participação na audiência pública, formalizadas nos termos do edital de convocação, foram escolhidos, *por sorteio*, oito deles para defenderem suas teses, em paridade de posicionamentos e de maneira alternada,[144] concedido a cada expositor 10 minutos para suas arguições.

Os quatro profissionais habilitados por indicação dos *amici curiae* defenderam teses favoráveis à importação de pneus, oferecendo argumentos técnicos segundo a qualificação dos participantes envolvidos: engenheiro, advogado especialista em direito ambiental, representante da classe industriaria e membro da academia.

Dos quatro expositores que trouxeram pareceres contrários à importação de pneus, três deles foram indicados pelo autor da arguição e outro por indicação do *amicus curiae* – IBAMA, com predominância de representantes de setores governamentais: comércio exterior, saúde, meio ambiente.

Vale salientar, que não foi delimitada pela Relatora, a área do conhecimento a trazer aportes ao debate, na pessoa dos expositores, o que propiciou veiculação livre de considerações de ordem política, econômica, estatística, dentre outras; ao contrário do que se verificou na ADI nº 3.510.

Não obstante não ter sido delimitada pela Relatora a área do conhecimento a trazer aportes ao debate, o que propiciou veiculação livre de considerações de ordem política, econômica, estatística, dentre outras — ao contrário do que se verificou na ADI nº 3.510 —, na verdade o que se configurou foi uma espécie de "réplica" dos "amigos da corte" aos argumentos centrais suscitados na arguição, justamente porque a maioria destes atuava na defesa de seus próprios interesses, posto que atingidos diretamente pelos efeitos da futura decisão.

Neste sentido, é de se registrar que não se materializou propriamente um ambiente pluralista de livre debates de ideias que se

---

[144] Na ADI nº 3.510 houve maior amplitude argumentativa: 23 especialistas participaram da audiência.

afigurassem como premissa ou prejudicial lógica à construção do raciocínio jurídico na hipótese. Nesse sentido, diferencia-se a audiência havida na ADPF nº 101 daquela concretizada na ADI nº 3.510, na medida em que nesta última, em que pese o recorte impresso pelo Relator limitando o debate às questões técnicas, houve plena liberdade de exposição e defesa de tendências, sem a preocupação de uma contradita aos termos da inicial.

A participação dos Ministros foi inexpressiva: somente três deles compareceram ao evento,[145] sem intervenções ou questionamentos.

O julgamento da ação deu-se em 24.06.2009. Os pedidos foram julgados parcialmente procedentes para vedar a importação de pneus, salvaguardando os efeitos das decisões pretéritas.

O acórdão ainda se encontra pendente de publicação.

3.4 ADPF nº 54 – Audiência pública – Antecipação terapêutica do parto de feto anencefálico

A ADPF foi proposta em 12 de junho de 2004 pela Confederação Nacional dos Trabalhadores na Saúde, tendo sido designado para relatoria o Ministro Marco Aurélio.

O interesse da classe que propôs a ação restou calcado na exposição dos profissionais da área de saúde à violação de dispositivos do Código Penal, na realização de procedimentos de antecipação terapêutica do parto em casos de comprovada gestação de fetos anencefálicos.

Partindo da premissa da comprovação científica de que o feto não tem potencialidade de vida extrauterina, a tese autoral pretendia a interpretação constitucional da disciplina legal dada ao aborto pela legislação penal infraconstitucional, para explicitar que ela não se aplicaria aos casos de antecipação terapêutica do parto de fetos portadores de anencefalia, com a ressalva da certificação por médico habilitado.

Destacados na inicial como fundamentos constitucionais à demanda, a vulnerabilidade dos preceitos fundamentais da dignidade da pessoa humana (art. 1º, IV, da CF), liberdade extraída do princípio da legalidade (art. 5º, II, da CF) e direito à saúde (arts. 6º e 196 da CF).

No que se refere à admissibilidade da ação, houve divergência entre os Ministros, especificamente acerca da adequação da via eleita,

---

[145] O Ministro Gilmar Mendes fez o discurso de abertura mas teve de se ausentar. O Ministro Carlos Britto participou de parte da audiência. Presente até o final, o Ministro Ricardo Lewandowski.

razão que ensejou e inclusão da questão na pauta do Pleno, que por maioria deu provimento para o prosseguimento do feito tal como apresentado.[146]

Nessa mesma oportunidade, decidiu-se acerca do pedido de tutela antecipada que havia merecido acolhida pelo Ministro Relator e versava acerca da liberação liminar para a realização de abortos de fetos anencefálicos, nos moldes dos pedidos formulados, bem como suspensão de todas as ações penais em trâmite que envolvessem a aplicação desses mesmos dispositivos.[147] A liminar foi revogada em parte pelo Plenário, por maioria, em mesma seção, tendo sido referendado somente o sobrestamento das ações em curso.[148]

A inicial, além de pareceres técnicos e posicionamentos jurisprudenciais, trouxe de antemão, a exemplo do que se dera na ADI nº 3.510, pedido de inclusão do Instituto de Bioética, Direitos Humanos e Gênero – ANIS, na qualidade de *amicus curiae*.

---

[146] Tal como ocorreu na ADPF nº 101, a adequação da medida foi questão de ordem no Pleno, fundando-se a discussão no caráter subsidiário da ADPF, em detrimento do provimento final que se pretendia, que é a declaração de inconstitucionalidade parcial da norma — ou, quando menos, a interpretação conforme dessa mesma regra.

[147] (...) "Há sim, de formalizar-se medida acauteladora e esta não pode ficar limitada a mera suspensão de todo e qualquer procedimento judicial hoje existente. Há de viabilizar, embora de modo precário e efêmero, a concretude maior da Carta da República, presentes os valores em foco. Daí o acolhimento do pleito formulado para, diante da relevância do pedido e do risco de manter-se com plena eficácia o ambiente de desencontros em pronunciamentos judiciais até aqui notados, ter-se-ão não só o sobrestamento dos processos e decisões não transitadas em julgado, como também o reconhecimento do direito constitucional da gestante de submeter-se à operação terapêutica de parto de fetos anencefálicos, a partir de laudo médico atestando a deformidade, a anomalia que atingiu o feto. É como decido na espécie. 3. Ao Plenário para o crivo pertinente" (decisão proferida em 01.07.2004 – Ministro Relator Marco Aurélio, que decidiu remeter ao Pleno a questão de ordem. Disponível em: <http://redir.stf.jus.br/estfvisualizadorpub/jsp/consultarprocessoeletronico/ConsultarProcessoEletronico.jsf?seqobjetoincidente=2226954>. Acesso em: 02 dez. 2010).

[148] "Após o voto do Senhor Ministro Marco Aurélio, Relator, resolvendo a questão de ordem no sentido de assentar a adequação da ação proposta, pediu vista dos autos o Senhor Ministro Carlos Britto. Em seguida, o Tribunal, acolhendo a proposta do Senhor Ministro Eros Grau, passou a deliberar sobre a revogação da liminar concedida e facultou ao patrono da arguente nova oportunidade de sustentação oral. Prosseguindo no julgamento o tribunal, por maioria, referendou a primeira parte da liminar concedida, no que diz respeito ao sobrestamento dos processos e decisões transitadas em julgado, vencido o Senhor Ministro Cesar Peluzo. E o Tribunal, também por maioria, revogou a liminar deferida, na segunda parte, em que reconhecia o direito constitucional da gestante de submeter-se à operação terapêutica de parto de fetos anencefálicos, vencidos os senhores Ministro Relator Carlos Britto, Celso de Mello e Sepúlveda Pertence. Votou o Presidente Ministro Nelson Jobim. Falaram pela Arguente, o Dr. Luiz Roberto Barroso, e pelo Ministério Público Federal, o Dr. Cláudio Lemos Fonteles" (Acórdão. Julgamento da questão de ordem, em 28.04.2005).

A ação causou comoção na sociedade, ensejando cinco[149] pedidos de integração à lide na qualidade de *amicus curiae*, bem como manifestações afins, a exemplo de juntada de pesquisa de opinião pública ou ainda simples apelo ao julgamento de improcedência.

Curioso verificar, na análise empreendida pelo Relator em relação aos pedidos de ingresso no feito, uma diferenciação entre os papéis reconhecidos ao *amicus curiae* e àquelas participantes da audiência pública. Isso se diz à vista dos termos de sua decisão em relação ao requerimento formulado por ANIS – Instituto de Bioética, Direitos Humanos e Gênero, e também da Conectas Direitos Humanos, que continha a rigor dois pedidos simultaneamente: para participação na audiência pública e também na qualidade de *amici curiae*. Quanto a este último, inicialmente deu-se o indeferimento do Relator sob os seguintes argumentos:

> Na espécie, não cabe acolher o pleito veiculado. O interesse das entidades é idêntico ao de tantas outras que atuam na área dos direitos humanos, não se podendo cogitar de domínio técnico suficiente a assentar-se a possibilidade de suplementação de elementos além daqueles buscados com as audiências já designadas

Ressalta da decisão uma compreensão no sentido de que o ingresso na condição de *amicus curiae* estaria orientado à oferta de elementos *de ordem técnica* — e não simplesmente à ampliação do universo de debate. Ausente a suposta *expertise* técnica, a decisão foi de desqualificação do interessado. Cumpre destacar que posteriormente essa mesma

---

[149] Pertinente ressaltar o ocorrido com os requerimentos Inclusão da ANIS – Instituto de Bioética, Direitos Humanos e Gênero, e também da Conectas Direitos Humanos, as quais formularam dois pedidos simultaneamente: para participação na audiência pública e também na qualidade de *amici curiae*. Quanto a este último, houve inicialmente o indeferimento do Relator sob os seguintes argumentos: "Na espécie, não cabe acolher o pleito veiculado. O interesse das entidades é idêntico ao de tantas outras que atuam na área dos direitos humanos, não se podendo cogitar de domínio técnico suficiente a assentar-se a possibilidade de suplementação de elementos além daqueles buscados com as audiências já designadas". Interessante ressaltar que posteriormente houve retratação, mas esta não significou a integração pretendida, somente a oitiva em audiência: "A representatividade das entidades sugere a audição da cidadã credenciada, visando a colher elementos para o julgamento seguro da matéria. Reconsidero parcialmente a decisão proferida em 25 de agosto de 2008, para deferir a participação das requerentes na audiência pública, ficando consignado que, se não houver possibilidade de ouvir a representante na audiência de 4 próximo, será designada outra data". Talvez, na concepção do Relator, seria irrelevante a forma pela qual se daria a contribuição de estranho à lide. Disponível em: <http://redir.stf. jus.br/estfvisualizadorpub/jsp/consultarprocessoeletronico/ConsultarProcessoEletronico.js f?seqobjetoincidente=2226954>. Acesso em: 02 dez. 2010.

decisão foi objeto de retratação, na qual se clarificou que o caráter não técnico da contribuição possível pela entidade, se a desqualificava para figurar como *amicus curiae*, nem por isso a excluía da possibilidade de participação em audiência:

> A representatividade das entidades sugere a audição da cidadã credenciada, visando a colher elementos para o julgamento seguro da matéria. Reconsidero parcialmente a decisão proferida em 25 de agosto de 2008, para deferir a participação das requerentes na audiência pública, ficando consignado que, se não houver possibilidade de ouvir a representante na audiência de 4 próximo, será designada outra data. Talvez, na concepção do Relator, seria irrelevante a forma pela qual se daria a contribuição de estranho à lide.[150]

Como se vê, nesta demanda foi concedido tratamento diferenciado às figuras: *amicus curiae*, arguente em audiência pública e participante da seção do Pleno em sustentação oral.

Inovando em relação às decisões anteriores, o Ministro Relator Marco Aurélio indeferiu todos os requerimentos dos pretensos "amigos da corte", em despacho que tão somente ressaltava sua discricionariedade quanto à livre apreciação dos pedidos e o perigo de tumulto processual, reflexo da suposta participação de estranhos à lide.[151] Em contrapartida, convidou, posteriormente, de ofício, vários destes terceiros requerentes para participação na audiência pública.[152]

Relate-se também o deferimento do arguente para a audiência, sem que este tivesse realizado pedido prévio de ingresso na qualidade

---

[150] Íntegra da decisão. Disponível em: <http://redir.stf.jus.br/estfvisualizadorpub/jsp/consul tarprocessoeletronico/ConsultarProcessoEletronico.jsf?seqobjetoincidente=2226954>. Acesso em: 02 dez. 2010.

[151] "2 – O Pedido não se enquadra no texto legal evocado pela requerente. Seria dado versar sobre a aplicação, por analogia, à Lei nº 9.868/99, que disciplina também o processo objetivo — ação direta de inconstitucionalidade e ação declaratória de constitucionalidade. Todavia, a admissão de terceiros não implica no reconhecimento de direito subjetivo a tanto. Fica a critério do Relator, caso entenda oportuno. Eis a inteligência do artigo 7º, §2º, DA LEI Nº 9.868/99, sob pena de tumulto processual. Tanto é assim, que o ato do Relator, situado no campo da prática de Ofício, não é suscetível de impugnação na via recursal. Indefiro o pedido" (Despacho padrão utilizado pelo Ministro Relator, para o indeferimento dos requerimentos de integração à lide como amicus curiae. Disponível em: <http://redir.stf.jus.br/estfvisualizadorpub/jsp/consultarprocessoeletronico/ConsultarProcessoEletronico.jsf?seqobjetoincidente=2226954>. Acesso em: 02 dez. 2010).

[152] Não se pode deixar de ter em conta — como dado — que a medida liminar originalmente deferida pelo Relator foi recortada no seu alcance, pela decisão Plenária. Esse elemento pode estar a inspirar a mudança de compreensão em relação à pertinência/utilidade de um maior espectro de participação na audiência pública.

de *amicus curiae*, a exemplo do Movimento Nacional da Cidadania em Defesa da Vida-Brasil sem Aborto, admitida para a exposição em função da qualificação da pessoa de seu representante no evento.[153]

A postura do Relator — que circunscrevia suas razões para o deferimento ou não do ingresso no feito naquela prerrogativa que lhe seria própria, de ordenamento do feito — gerou polêmica e o inconformismo daqueles que tiveram seus pedidos de ingresso indeferidos. A Confederação dos Bispos, por exemplo, formalizou pedido de reconsideração, que foi indeferido, persistindo ainda, na sua pretensão, no exercício de Agravo Regimental, também improvido, sob a justificativa de que não haveria previsão legal de recurso acerca desta matéria, ressaltada sempre a prerrogativa e discricionariedade do Ministro Relator.[154] Ainda que na ocasião não se tenha claramente posto o tema das prerrogativas do Relator na condução da audiência pública — matéria que só posteriormente se consolidou no sentido de se reconhecer a ele uma ampla discricionariedade na fixação das condições da oitiva pública — a decisão do Agravo Regimental já assinalava essa tendência da Corte, que posteriormente veio a se normatizar, com os termos da Emenda Regimental nº 29/09.

Forçoso salientar novamente que não obstante a rejeição do agravo interno a CNBB foi posteriormente convidada pelo Relator a participar da audiência pública, na qualidade de representante de classe — entidades religiosas.

A par daqueles que anteriormente já se tinham habilitado a ingressar no feito sob a disciplina de *amicus curiae*, dezesseis outras entidades formularam pedido de participação na audiência pública, que se deliberou convocar, atendendo ao requerimento formulado pela Procuradoria-Geral da República.

Diferentemente do que ocorreu na ADI nº 3.510 — audiência pública das células tronco — em que a intenção do Relator foi meramente

---

[153] *Vide* íntegra do despacho. Disponível em: <http://redir.stf.jus.br/estfvisualizadorpub/jsp/consultarprocessoeletronico/ConsultarProcessoEletronico.jsf?seqobjetoincidente=2226954>. Acesso em: 02 dez. 2010.

[154] (...) "2. Nada há a reconsiderar no caso. A atuação de terceiro pressupõe convencimento do Relator sobre a conveniência e a necessidade da intervenção. Reporto-me ao que consignei quando formalizei pela primeira vez primeira o pleito. (...) 3. Indefiro o pedido formulado e, ante a essa óptica, determino a devolução à requerente da peça reveladora do respectivo Estatuto" (decisão Ministro Relator – 03.08.2004. Disponível em: <http://redir.stf.jus.br/estfvisualizadorpub/jsp/consultarprocessoeletronico/ConsultarProcessoEletronico.jsf?seqobjetoincidente=2226954>. Acesso em: 02 dez. 2010).

informativa, voltada a pareceres técnicos, a controvérsia do aborto anencefálico procurou consultar representantes das mais variadas áreas: científica, médica, religiosa, jurídica, política, social, intenção esta que restou explícita no despacho convocatório.[155]

Conforme anteriormente mencionado, o Relator manifestou interesse na oitiva de todas as entidades que requereram ingresso na qualidade de *amicus curiae*, acatando ainda a indicação dos representantes da sociedade, que seguiram relacionados pela PGR na exordial, indeferidas as indicações do Ministério Público, por julgar, o Relator, já se ter formado quadro de representação daquele segmento da sociedade.

Concluiu-se o rol de participantes, com a peculiaridade até então não verificada nas audiências anteriores, qual seja, a realização pelo Relator de outros convites que deliberadamente entendeu serem pertinentes.

Em mesma decisão, delimitou os moldes da realização da audiência, a saber: três sessões a serem realizadas nos dias 26, 27 e 28 de agosto de 2008, delimitando o tempo de 15 minutos para cada participante, deferindo de antemão, a apresentação de memoriais. Posteriormente, houve redesignação de datas, culminando na realização do evento nos dias 26, 28 de agosto e 04, 06 de setembro de 2008.

A audiência, propriamente dita, apresentou algumas particularidades. A ordem dos expositores deu-se não pelo critério conteudístico, ou em posicionamentos prós e contras, mas sim organizado segundo os setores da sociedade: no primeiro dia, entidades religiosas; no segundo, especialistas técnico-científicos;[156] no terceiro, os segmentos restantes, sociedade em geral, ressaltando a presença do representante do governo, na pessoa do então Ministro da Saúde, José Gomes Temporão. Aparta-se, portanto, essa convocatória da matriz binária de posicionamento no tema, que antes se identificara nas convocações da ADI nº 3.510 e da ADPF nº 101, em que a ordenação dos participantes se construiu a partir da lógica da concordância ou divergência, tendo em conta a tese central de mérito.

---

[155] *Vide* decisão na íntegra, fls 239-240, de 28 de setembro de 2004. Disponível em: <http://www.stf.jus.br/arquivo/cms/processoAudienciaPublicaAdpf54/anexo/adpf54audiencia.pdf>. Acesso em: 07 dez. 2010.

[156] Diz-se técnico-científico, não somente no sentido de especialistas da área médica ou da academia, mas também, jurídico, posto que houve participação de dois Deputados Federais: Luiz Bassuma e José Aristódemo Pinotti.

Não obstante o Ministro Relator externar a proibição ao embate,[157] e por vezes lançar comentários de repreensão aos participantes,[158] de modo geral, foi estabelecido um universo deliberativo amplo, inclusive no que tange ao conteúdo das exposições: de cunho técnico, moral, ético, religioso, jurídico, político.

A dinâmica arquitetada revelou um perfil de contraditório no sentido estritamente processual, em uma nítida diferenciação da linha de compreensão até então verificada, que resguardava a observância dessa garantia processual somente para a sessão de julgamento. Isso se sustenta porque, findas as manifestações de cada expositor, foi concedida oportunidade para considerações e perguntas da parte autora e do Ministério Público, os quais, com parcialidade, acrescentavam objeções, questionavam pontos obscuros, concordavam ou discordavam dos expositores. Houve ainda abertura para alegações finais da parte autora, Procuradoria da República e Advocacia Geral da União.

Foi permitida a formulação de perguntas pelos Ministros integrantes da mesa, sendo certo que o próprio Ministro Relator realizou por diversas vezes questionamentos.

As sessões foram abertas pelo então Presidente da Corte, Ministro Gilmar Mendes, o qual reforçou a intenção dialógica do Tribunal, o apego ao pluralismo e à democracia deliberativa, elevando a audiência pública como forma de instrumento passível de maior segurança aos Ministros no pronunciamento dos julgamentos.[159]

A ação ainda não mereceu julgamento, encontrando-se em conclusão ao Relator desde 09.07.2009.

---

[157] "Não podemos partir para um debate propriamente dito. A oportunidade não é essa. Talvez tenhamos espaço para fazê-lo quando da submissão do processo devidamente aparelhado ao Colegiado. Pediria, também, em um apelo ao Doutor Luís Roberto Barroso, que evite colocações que possam sugerir o debate, a réplica, a tréplica e, portanto, a projeção no tempo destes trabalhos" (Ministro Relator, notas taquigráficas, p 33. Disponível em: <http://www.stf.jus.br/arquivo/cms/processoAudienciaPublicaAdpf54/anexo/adpf54audiencia.pdf>. Acesso em: 07 dez. 2010).

[158] "Evitei versar este pedido, mas solicito aos assistentes que não se manifestem. A Audiência é pública, mas é uma Audiência judicial. Não devemos ter, portanto, manifestações, nem pró nem contra, aos expositores" (Ministro Relator, notas taquigráficas, p. 32. Disponível em: <http://www.stf.jus.br/arquivo/cms/processoAudienciaPublicaAdpf54/anexo/adpf54 audiencia.pdf>. Acesso em: 07 dez. 2010).

[159] Vale comentar, que a ótica do Presidente Gilmar Mendes prioriza a ideia do diálogo social, a *contrario sensu*, de posicionamentos externados nas audiências anteriores, que reforçavam sobremaneira o caráter técnico-informativo das audiências públicas (*vide* discurso de abertura da sessão do dia 28 de agosto de 2008 – Notas taquigráficas p. 1-2. Disponível em: <http://www.stf.jus.br/arquivo/cms/processoAudienciaPublicaAdpf54/anexo/adpf54audiencia.pdf>. Acesso em: 07 dez. 2010).

3.5 Audiência pública – Judicialização da saúde

A audiência pública da saúde representou uma inovação na história do Supremo Tribunal Federal.[160]

Fundada em prerrogativa regimental da Presidência, o então Ministro Presidente em exercício Gilmar Mendes concretizou iniciativa de realização de audiência pública, no intuito de discutir assunto de grande repercussão jurídica, econômica e política que consistia na judicialização da saúde, matéria já submetida à apreciação da Corte repetidas vezes, e por intermédio de distintos instrumentos jurídico-processuais.

A judicialização da saúde é temática polêmica, cuja relevância já havia alcançado a seara da Corte Constitucional em medidas anteriormente já apreciadas, bem como em outras pendentes de julgamento,[161] justificada, portanto, a iniciativa, na necessidade decorrente de "esclarecer questões técnicas, científicas, administrativas, políticas e econômicas, envolvidas nas decisões judiciais sobre a saúde".[162]

Na verdade, o intuito do Ministro Gilmar Mendes foi o de uniformização de entendimentos a serem utilizados pelos Tribunais da Federação na apreciação das questões a que não se podem se furtar do julgamento[163] e que têm sido motivo de grande tensão entre o judiciário

---

[160] Trata-se da primeira audiência com regulamentação própria, trazida pela Emenda Regimental nº 29 de 18 de fevereiro de 2009. A iniciativa foi de vanguarda, na utilização das prerrogativas da Presidência constante na nova redação do art. 13, XVII, do RESTIF, bem como porque não seguiu atrelada a um processo específico, mas sim, em virtude da contingência e complexidade da matéria.

[161] Suspensões de Tutela (STA) nº 175, 211 e 278; Suspensões de Segurança nº 3.724, 2.944, 2.361, 3.345 e 3.355; Suspensão de Liminar (SL) nº 47 e Proposta de Súmula Vinculante nº 4, veiculada pela Defensoria Pública da União, que visa à edição de súmulas vinculantes para tornar solidária a responsabilidade dos entes da federação e para a possibilidade de bloqueio *on line* de valores públicos. Importante destacar o Recurso nº 566.471, no qual foi reconhecida a Repercussão Geral, bem como admitidos na qualidade de *amicus curiae* um conjunto expressivo de entidades. Forçosa é a reflexão de que nesta hipótese não se utilizou o critério, anteriormente gizado, de convite a estes terceiros, no processo correlato – REXTRG, para a participação na audiência pública. Mencionado ainda no discurso de encerramento da última seção, pelo Ministro Gilmar Mendes, mais dois processos indiretamente correlatos: A ADI nº 1.931, de relatoria do Ministro Marco Aurélio, que discute a constitucionalidade da legislação sobre repasses das seguradoras privadas para o SUS; e a ADI nº 4.234 de relatoria da Ministra Cármen Lúcia, que trata da constitucionalidade das patentes *pipeline*.

[162] BRASIL. *Audiência Pública*: Saúde. Brasília: Supremo Tribunal Federal, 2009. p. 31.

[163] "Este é o drama que se coloca e que nós vemos muitas vezes, porque os pedidos em geral, formulam-se inicialmente em sede de decisão de tutela antecipada ou de cautelar e o juiz se vê às voltas com um sopesamento, com uma ponderação extremamente complexa que há de se fazer de imediato, praticamente sem que se tenha tempo de fazer maiores pesquisas ou estudos, o que justifica ainda mais a necessidade desse processo sofisticado de

e o poder público, no que tange à elaboração e execução de políticas públicas.[164]

Explicitando quais os pontos fulcrais das demandas postas à apreciação do STF, o Edital de convocação delimitou, de antemão, os quesitos para a abordagem dos expositores, os quais, na realidade, representavam uma espécie de resenha dos principais argumentos utilizados como fundamentação corriqueira nos pleitos desta natureza.

O Edital também determinou de plano expedição de convites especiais aos Ministros do Supremo Tribunal Federal, Procurador-Geral da República, Presidente do Congresso Nacional, representante das indústrias farmacêuticas, órgãos governamentais e entidades relacionadas à área da saúde, seguindo a linha de precedentes anteriores em matéria de convocação de audiências públicas. Determinada a formalização dos requerimentos de participação pela via eletrônica.[165]

O evento foi realizado em 06 (seis) sessões, nos dias 27, 28 e 29 de abril e 04, 06 e 07 de maio de 2009.

Os 33 especialistas habilitados foram organizados para exposição segundo distribuição equitativa, de adequação e pertinência entre o representante-expositor e a temática delimitada para cada seção. A pauta, previamente publicada em 24.04.2009 no *Diário Oficial*, assim se tinha

---

racionalização que estamos tentando fazer no âmbito desta audiência pública" (DISCURSO de abertura da audiência pública: Ministro Gilmar Mendes. *In*: BRASIL. *Audiência Pública*: Saúde. Brasília: Supremo Tribunal Federal, 2009. p. 33).

[164] "Se, por um lado, a atuação do Poder Judiciário é fundamental para o exercício efetivo da cidadania e para a realização do direito social à saúde, por outro, as decisões judiciais têm significado um forte ponto de tensão perante os elaboradores e executores das políticas públicas, que se veem compelidos a garantir prestações de direitos sociais das mais diversas, muitas vezes contrastantes com a política estabelecida pelos governos para a área da saúde e além das possibilidades orçamentárias. A ampliação dos benefícios reconhecidos confronta-se continuamente com a higidez do sistema" (DISCURSO de abertura da audiência pública: Ministro Gilmar Mendes. *In*: BRASIL. *Audiência Pública*: Saúde. Brasília: Supremo Tribunal Federal, 2009. p. 31).

[165] Foram recebidos, pela via eletrônica, 140 requerimentos de participação à audiência pública. Os critérios de escolha dos participantes foram justificados pelo Ministro Gilmar Mendes no discurso de abertura da primeira seção, na tentativa de contemplação de todos os segmentos envolvidos: Magistrados, Promotores, Defensores Públicos, Usuários, Médicos, Doutrinadores e Gestores do SUS; assim como representação de especialistas das mais diversas regiões do país. Outros quesitos também foram considerados, como a representatividade da associação ou entidade requerente, a originalidade da tese proposta e o *curriculum* do especialista (DISCURSO de abertura da audiência pública: Ministro Gilmar Mendes. *In*: BRASIL. *Audiência Pública*: Saúde. Brasília: Supremo Tribunal Federal, 2009. p. 34). Forçoso o comentário, neste momento, acerca da amplitude da discricionariedade do Presidente, no que tange a estruturação do evento e escolha dos participantes: não obstante tenha-se o registro da justificativa, os critérios de escolha foram revelados ainda de forma muito abrangente e somente quando da realização da audiência, o que por certo não propiciaria abertura a questionamentos por parte dos não admitidos.

por estruturada: 1º. O acesso às Prestações de Saúde no Brasil – Desafios ao Poder Judiciário – 09 palestrantes; 2º. Responsabilidade dos Entes da Federação e Financiamento do SUS – 09 palestrantes; 3º. Gestão do SUS – Legislação e Universalidade do Sistema – 09 palestrantes; 4º. Gestão do SUS e Universalidade do Sistema – 08 palestrantes; 5º. Registro na ANVISA e Protocolos e Diretrizes Terapêuticas do SUS – 08 especialistas; 6º. Políticas Públicas de Saúde – Integralidade do sistema – 07 especialistas; 7º. Assistência Farmacêutica do SUS – 08 expositores.

A audiência transcorreu em clima amistoso, de cunho informativo. A indicação temática para o dia ou para o participante autorizado a se manifestar nem sempre foi rigorosamente observada: havia aqueles que se mantinham fiéis à matéria designada, mas acresciam outros tópicos ou argumentos; e havia os que pura e simplesmente abandonavam o assunto que lhes fora assinalado para trazer as considerações que entendessem pertinentes. Em nenhum momento o Min. Gilmar Mendes interrompeu as exposições para reconduzir o interventor à temática proposta, grassando plena liberdade na exposição do ponto de vista.

Não se verificou um ambiente de embate, nem tampouco uma organização equânime no que tange a grupos de oposição. O organograma da audiência preocupou-se na adequação do palestrante ao tema delimitado para cada dia de sessão, não obstante, por óbvio, ser possível visualizar o dissenso de opiniões acerca do mesmo tema.[166]

Não houve restrição quanto ao conteúdo das exposições, as quais, dentro do universo de delimitação do tema, enfatizaram não somente aspectos técnicos; mas também jurídicos, morais, sociais, estatísticos, políticos e até mesmo descritivos da realidade de cada segmento ouvido: magistrados relataram o drama de decidirem liminarmente acerca do destino da vida humana; os gestores públicos expuseram suas

---

[166] A exemplo disso, é o posicionamento exarado pelo então Advogado-Geral da União, José Dias Toffoli, que realizou uma crítica à judicialização desordenada como sério risco às políticas públicas no ramo da saúde, porque os recursos são finitos. Afirmou ele que as políticas públicas de racionalidade devem ser respeitadas e que o direito à saúde foi colocado na Constituição dentro de um arcabouço teórico de políticas públicas e que, portanto, as restrições do SUS não significariam uma intolerável restrição do direito à saúde (BRASIL. *Audiência Pública*: Saúde. Brasília: Supremo Tribunal Federal, 2009. p. 45-49).

Em contrapartida, a Defensoria Geral da União, protestou pelo não acolhimento dos argumentos contrários à judicialização. Observou não tratar-se de desarticulação orçamentária pelas medidas judiciais, mas sim de correção de erros ou omissões de políticas públicas e que o judiciário tem o dever de intervir. Pugnou para que fosse decidido pela Suprema Corte somente como essa intervenção judicial poderia ser feita em caso de omissão dos poderes públicos (BRASIL. *Audiência Pública*: Saúde. Brasília: Supremo Tribunal Federal, 2009. p. 49-55).

dificuldades orçamentárias e organizacionais, de efetivação do direito à saúde em meio a um universo de outras garantias fundamentais a serem inseridas nos projetos de governo; a Defensoria Pública relata o drama dos usuários, carentes de atendimento, em meio as deficiências do Sistema Único de Saúde, compreendendo, portanto, um ambiente aberto e de liberdade de expressão. O Ministro Gilmar Mendes realizou a abertura de cada seção com uma introdução acerca da temática do dia, bem como o encerramento, pontuando as conclusões e sugestões ao enfrentamento dos problemas surgidos no decorrer do debate.

Importante mencionar a iniciativa da União que submeteu todos os seus representantes em audiência à assinatura de uma declaração de ausência de conflito de interesses e em relação à Indústria Farmacêutica.[167]

As intervenções dos Ministros presentes também foram realizadas de maneira amistosa e contributiva, a exemplo do Ministro Menezes Direito, que realizou objeção para recomendar a todos especial reflexão à situação dos Juízes singulares coagidos a um julgamento vital e imediato, em razão das liminares a que são submetidos.

Imperioso destacar, ainda, nas considerações do aludido Ministro, a intenção da Suprema Corte no desenvolvimento e aperfeiçoamento gradativo do instrumento das audiências públicas, até um ideal que contemple a ampla participação popular, como forma de legitimação democrática:

> Eu ouvi as intervenções que foram feitas, salvo aquelas inaugurais, e entendo que este sistema de audiência pública ele tem essa faceta democrática e nós vamos até, em algum momento, chegar à perfeição de abrir a possibilidade dos presentes de fazerem perguntas àqueles que estão participando do debate, o que certamente vai enriquecer[168]

Um pequeno avanço no que tange a esta pretensa e futura abertura à participação social foi observado na iniciativa de vanguarda, para a formulação de perguntas, por qualquer do povo, aos especialistas ouvidos pela via eletrônica, cujas respostas seguiram publicadas no

---

[167] Observação realizada pelo então Advogado-Geral da União José Dias Toffoli, atual Ministro da Suprema Corte, em sua exposição. (BRASIL. *Audiência Pública*: Saúde. Brasília: Supremo Tribunal Federal, 2009. p. 45).

[168] CONSIDERAÇÕES do Ministro Meneses Direito. *In*: BRASIL. *Audiência Pública*: Saúde. Brasília: Supremo Tribunal Federal, 2009. p. 80.

Portal da Suprema Corte, além de todo o material enviado por aqueles não habilitados à participação.[169]

Restou evidentemente explicitada a faceta política da Suprema Corte na promoção de debate acerca de pormenores que extravasam a seara da simples prestação jurisdicional. Afinal, foi expressamente enunciado pelo Ministro Gilmar Mendes que o resultado da audiência se prestaria não somente para o auxílio aos Magistrados e à própria Suprema Corte, no que condiz à construção de um padrão de julgamento, mas, principalmente, para a criação e efetivação de políticas públicas, por força de uma conduta ativa do judiciário e como fonte de contribuição para a reestruturação do Sistema Único de Saúde.[170]

Por certo que as prospecções políticas decorrentes da iniciativa revelam o estreito liame que se firma entre uma conduta ativa da Suprema Corte e os limites da competência dos outros poderes, ainda mais em se tratando do assunto em pauta, que por si induz a um questionamento não somente acerca da competência das esferas de poder Legislativo, Executivo e Judiciário, mas, principalmente, o papel das próprias esferas de governo: União, Estados e Município em matéria de criação e efetivação de políticas públicas — garantia do direito fundamental à saúde.

Acerca desta realidade, não deixou de tecer considerações o Ministro Gilmar Mendes, manifestando-se diretamente aos representantes do Legislativo, então presentes, ao afirmar que: "não há, nenhuma pretensão de o judiciário usurpar as devidas competências do Congresso Nacional. Antes disso, há um chamamento, há um diálogo institucional responsável, como ficou demonstrado aqui".[171] Afirmação esta que no contexto de justificativas anteriores, assumiu, implicitamente, conotação contraditória.

---

[169] Os artigos enviados pela sociedade encontram-se no portal do STF. Disponível em: <http://www.stf.jus.br/portal/cms/verTexto.asp?servico=processoAudienciaPublicaSaude&pagina=Artigos>. Acesso em: 09 dez. 2010. Demais materiais de aporte, doutrina, legislação e jurisprudência utilizados foram compilados em publicação realizada pela Secretaria de Documentação do Supremo Tribunal, e também disponibilizada no portal daquela Corte no endereço eletrônico: <http://www.stf.jus.br/arquivo/cms/bibliotecaConsultaProdutoBibliotecaBibliografia/anexo/SUS_abr2009.pdf>. Acesso em 09 dez. 2010. Assim como as manifestações dos demais especialistas participantes, disponíveis em: <http://www.stf.jus.br/portal/cms/verTexto.asp?servico=processoAudienciaPublicaSaude&pagina=Cronograma>. Acesso em: 09 dez. 2010.

[170] "Enfim, espero que desta audiência pública resultem não apenas informações técnicas, aptas a instruir os processos do Tribunal, como também subsídios para um amplo e pluralista debate político em prol do aprimoramento das políticas de saúde" (BRASIL. *Audiência Pública*: Saúde. Brasília: Supremo Tribunal Federal, 2009. p. 36).

[171] Ministro Gilmar Mendes, discurso de encerramento da primeira seção (BRASIL. *Audiência Pública*: Saúde. Brasília: Supremo Tribunal Federal, 2009. p. 82).

A pretensão de uniformização dos julgados foi além do simples anais no evento para em março de 2010 culminar na publicação da Recomendação nº 31 pelo Conselho Nacional de Justiça que, considerando dentre outros fatores as constatações resultantes da audiência pública, pretendeu induzir os Tribunais da Federação à adoção das medidas sugeridas no documento, para melhor subsidiar os Magistrados, assegurando, por conseguinte, maior eficiência na solução das demandas judiciais envolvendo questões de saúde pública. Sugeriu-se, em suma, uma padronização dos critérios de julgamento aos Tribunais da Federação.[172]

Em março de 2010, os processos relacionados à saúde foram colocados em pauta no Plenário e receberam julgamento com a reiterada afirmação de que aquela decisão se construía considerando os argumentos ventilados na audiência pública.[173] Essa absoluta "sintonia", todavia, remanesce ainda uma simples afirmação unilateral, seja porque inexiste um documento-síntese das supostas conclusões; seja porque essa assertiva não se reporta expressamente a dia ou manifestante predeterminado, salvo a intervenção atinente à comercialização de medicamentos não autorizados ao mercado brasileiro pela ANVISA.

---

[172] Em resumo, foi recomendado pelo Conselho Nacional de Justiça: a) a realização de convênios médicos e farmacêuticos para a realização de apoio técnico aos Magistrados; b) que sejam evitadas decisões concessivas de tratamentos experimentais ou medicamentos ainda não autorizados pela ANVISA; c) realização de pesquisa prévia junto à Comissão Nacional de Ética em Pesquisas, para informação acerca da regularidade das pesquisas realizadas, bem como a consideração da responsabilidade dos laboratórios na continuidade dos tratamentos. d) a oitiva prévia à prolação das decisões, dos gestores das políticas públicas, bem como, a promoção de uma maior interação com o setor público, na promoção de visitas dos Magistrados aos Conselhos Municipais e Estaduais de Saúde, bem como às Unidades de Saúde Pública ou conveniadas ao SUS. e) Sejam consideradas nas decisões, a legislação sanitária, bem como, sua inclusão na grade de formação dos cursos da Magistratura, e concursos públicos. Inteiro teor do documento disponível em: <http://www.cnj.jus.br/index.php?option=com_content&view=article&id=10547:recomendacao-no-31-de-30-de-marco-de-2010&catid=60:recomendas-do-conselho&Itemid=515>. Acesso em: 09 out. 2010.

[173] Suspensões de Tutela (STA) nº 175, 211 e 278; Suspensões de Segurança nº 3.724, 2.944, 2.361, 3.345 e 3.355; Suspensão de Liminar (SL) nº 47. Tomando-se como exemplo o julgamento da SS nº 3.724, o Ministro Gilmar Mendes expôs longamente todas as conclusões extraídas de cada ponto debatido na audiência pública, realizando correlação ao caso concreto, embasando sua decisão. "Este foi um dos primeiros entendimentos que sobressaiu nos debates ocorridos na audiência pública-saúde: no Brasil, o problema talvez não seja de judicialização, ou em termos mais simples, de interferência do Poder Judiciário na criação e implementação de políticas públicas em matéria de saúde, pois o que ocorre, em quase toda a totalidade dos casos, é apenas a determinação judicial do efetivo cumprimento de políticas públicas já existentes. Esse dado pode ser importante para a construção de um critério ou parâmetro para a construção da decisão em casos como este, no qual se discute, primordialmente, o problema da interferência do judiciário, na esfera dos outros poderes" (voto do Ministro Gilmar Mendes, SS nº 3.724, p. 788. Disponível em: <http://www.stf.jus.br/portal/processo/verProcessoAndamento.asp>. Acesso em: 18 out. 2010).

Todo o material produzido no evento foi encaminhado para o Ministério da Saúde, Senado Federal, Câmara dos Deputados, Advocacia-Geral da União, além de estar disponível ao Judiciário da Federação, em caso de solicitação.[174]

Constata-se, portanto, que a função de Guardião da Constituição que tem sido entendida nos moldes do modelo de jurisdição constitucional brasileiro abarca um lastro muito mais amplo do que simplesmente a declaração do sentido constitucional.

3.6 ADPF nº 186 – Audiência pública – Ação afirmativa

A ação abstrata em causa que foi ajuizada pelo partido político Democratas (DEM), em 20.07.2009, objetiva a declaração de inconstitucionalidade de atos administrativos da Universidade de Brasília (UNB) que instituíram o sistema de cotas de ensino, reservando 20% de suas vagas para candidatos negros, assim considerados pretos e pardos.

Consignava-se na inicial pedido liminar para a suspensão da inscrição dos cotistas selecionados no exame vestibular daquela Instituição de Ensino, quando da propositura da ação, e a consequente realização de nova apuração de aprovados segundo critérios universais de seleção. Integrava igualmente o pedido requerimento de que a Universidade se abstenha de realizar outros vestibulares no sistema de cotas, bem como de suspensão de processos que versem sobre a matéria que eventualmente estejam tramitando nos Tribunais da Federação.

A análise do pedido liminar foi realizada minuciosamente pelo Ministro Relator, em decisão extensa que delineava com riqueza de detalhes a complexidade da matéria e todos os questionamentos nela implícitos. Contudo, os pedidos cautelares não foram concedidos, sob o fundamento de ausência do *periculum in mora*, em virtude da aprovação anterior de alunos no vestibular, bem como da existência de outras turmas mais antigas, formadas sob os mesmos critérios seletivos.

---

[174] "O presidente do Supremo Tribunal Federal (STF), ministro Gilmar Mendes, encaminhou ao Ministério da Saúde o relatório da audiência pública realizada pela Corte nos dias 27, 28 e 29 de abril e 4, 6 e 7 de maio, que discutiu questões relativas às demandas judiciais que buscam garantir a prestação de serviços de saúde e o fornecimento de medicamentos. O documento também foi enviado ao Senado Federal, à Câmara dos Deputados e à Advocacia-Geral da União" (notícia veiculada pela TV Justiça em 23 set. 2009 intitulada: Presidente do STF encaminha a autoridades relatório de audiência pública sobre saúde. Disponível em: <http://www.tvjustica.jus.br/maisnoticias.php?id_noticias=11803>. Acesso em: 11 out. 2010).

O Ministro Ricardo Lewandowski, Relator do processo, de ofício, ressaltando a complexidade jurídica da matéria, sua repercussão social e o impacto nas políticas públicas, determinou a realização da quinta audiência pública da história da Suprema Corte. O despacho convocatório citou a existência de Recurso Extraordinário já em trâmite e sob a mesma relatoria, no qual também se questiona a constitucionalidade do sistema de cotas realizado junto à Universidade Federal do Rio Grande do Sul, razão que ensejaria um julgamento conjunto.[175]

Nessa mesma ocasião, teve-se por determinados os parâmetros para a realização da audiência pública nos dias 3 a 5 de março de 2010, segundo os critérios do art. 154, III, do recém-alterado Regimento Interno do Superior Tribunal Federal, no intuito de ouvir o depoimento de pessoas com experiência e autoridade em matéria de políticas de ação afirmativa no ensino superior.

O chamamento foi publicizado sem explicitar a exigência ou prioridade das partes envolvidas na indicação de seus representantes, tendo sido assinalada na publicação de Edital de Convocação Geral devesse a formalização de requerimento por quaisquer propensos participantes se dar pela via eletrônica.

Foi determinado de ofício, na mesma oportunidade, a expedição de convites ao Presidente do Congresso Nacional, Procurador-Geral da República, Presidente da OAB do Brasil, Advogado-Geral da União, Ministério da Educação (MEC), Secretaria Especial de Políticas de Promoção da Igualdade Racial (SEPRIR), Secretaria Especial dos Direitos Humanos (SEDH) e Instituto de Pesquisa Econômica Aplicada (IPEA), a exemplo do que anteriormente se dera na convocação da audiência pública da saúde, na qual também o relator externara essa espécie de presunção da relevância da participação de agentes do poder público e de fora dele.

O evento causou mobilização social e iniciativas de participação advindas dos mais diversos segmentos da sociedade, sendo certo que a maioria dos pedidos de integração à lide era das minorias diretamente alcançadas pela política de ação afirmativa sob controle, como as entidades representativas de movimentos raciais e de defesa dos direitos

---

[175] Recurso Extraordinário nº 597.285, cujo reconhecimento da repercussão geral se deu em 19.09.2009, consignando, de antemão, o Ministro Relator, que merecerá julgamento em conjunto com a ADPF nº 186 (*vide* notas taquigráficas nas peças eletrônicas do processo). Disponível em: <http://redir.stf.jus.br/estfvisualizadorpub/jsp/consultarprocessoeletronico/ConsultarProcessoEletronico.jsf?seqobjetoincidente=2691269>. Acesso em: 09 dez. 2010.

humanos. Ressalte-se ainda o interesse de segmentos, políticos, como a CUT – Central Única dos Trabalhadores do Distrito Federal e, ainda, a importante iniciativa da Defensoria Pública da União, totalizando 15 pedidos formais para ingresso na qualidade de *amicus curiae* e participação na audiência pública.

Após a publicação do Edital de Convocação, foram recebidos mais 252 requerimentos de participação via *on line*, o que ensejou uma triagem pelo Ministro Relator, realizada segundo critérios que assegurassem uma melhor representação desta pluralidade opiniões.[176]

Neste sentido, a logística final da audiência pública reservou ao primeiro dia, 03.03.2010, uma visão técnico-governamental ao posicionamento do tema sob o enfoque das políticas públicas e suas vertentes de combate à discriminação ética e racial.[177]

Manifestaram-se ainda as partes, não somente arguente e arguido na ADPF em enfoque, mas também recorrente e recorrido do Recurso Extraordinário nº 597.285/RS e, ainda, aqueles anteriormente convidados de ofício pelo Ministro Relator.

No segundo dia, 04 de março, deram-se as exposições dos demais convidados, ainda organizadas a partir da perspectiva dos favoráveis e desfavoráveis à constitucionalidade das políticas públicas de inclusão por critérios discriminatórios, tendo sido salvaguardada a paridade nos posicionamentos, mediante o pronunciamento de cinco representantes de cada uma destas vertentes, iniciando-se pelos simpatizantes ao sistema de cotas.

---

[176] Não obstante a regulação da audiência pública trazida pela modificação do Regimento Interno do STF, por certo que ainda há margem para a discricionariedade do Relator na organização do evento e escolha dos participantes. A fundamentação acerca dos critérios de seleção ainda se afiguram vagos e superficiais. "Tendo em vista o grande número de requerimentos recebidos (252 pedidos), foi necessário circunscrever a participação da audiência a reduzido número de representantes e especialistas. Os critérios adotados para a seleção dos habilitados tiveram como objetivos garantir, ao máximo, (i) a participação dos diversos segmentos da sociedade, bem como (ii) a mais ampla variação de abordagens sobre a temática das políticas de ação afirmativa de acesso ao ensino superior" (Ministro Relator. Despacho de habilitação de participantes na audiência pública. Aos requerentes não habilitados, foi conferida a faculdade de envio das teses defensivas pela via eletrônica, para disponibilização no portal do Supremo Tribunal Federal).

[177] Nesta data manifestaram-se as seguintes instituições Estatais: Ministério da Educação, Secretaria Especial de Políticas de Promoção da Igualdade Social, Secretaria Nacional de Direitos Humanos, Fundação Nacional do Índio e Comissão de Constituição e Justiça do Senado Federal e Instituto de Pesquisa Econômica Aplicada (IPEA), órgão responsável por mensurar os resultados dessas políticas públicas. Também participaram os convidados: Vice-Procuradora-Geral da República; Diretor-Tesoureiro do Conselho Federal da Ordem dos Advogados do Brasil e Advogado-Geral da União.

CAPÍTULO 3
O VIVER DAS AUDIÊNCIAS PÚBLICAS NO STF – CRÔNICA DE UMA EXPERIÊNCIA INSTITUCIONAL ... | 91

No dia 05 de março, pela manhã, a logística da igualdade de posicionamentos foi mantida e os argumentos restaram mais focados no trinômio racismo, questão social e igualdade de oportunidades.

O período da tarde foi reservado para a oitiva de instituições públicas de ensino superior acerca de suas experiências de reservas de vagas por força de ações afirmativas, bem como do relato das experiências de Juízes Federais, no julgamento dos conflitos desta natureza.[178]

Foi concedido o período de 15 minutos para a exposição de cada palestrante e proporcionada livre abertura para o conteúdo das exposições, não tendo sido realizada pelo Relator qualquer intervenção. Outrossim, houve liberdade para a deliberação e interação na possibilidade de realização de perguntas, a exemplo dos questionamentos formulados pela Ministra Cármen Lúcia ao representante da Universidade de Santa Catarina, a respeito de dados estatísticos sobre discriminação das mulheres negras nas universidades.[179]

Nesse diapasão, o ambiente plural, pode-se afirmar, restou bem caracterizado, tendo se manifestado desde representantes da área médica, prestando esclarecimentos acerca da estrutura genética do povo brasileiro; antropólogos, que explicitaram a questão das desigualdades étnicas — o enfoque acerca das raízes jurídico-históricas da miscigenação e ocupação das terras brasileiras, bem exploradas pela Associação de Procuradores de Estado —; entidades representativas dos movimentos de discriminação racial, que ressaltaram sobremaneira as desigualdades sociais e os direitos humanos; entidades dos representantes governamentais e universidades, que trouxeram dados estatísticos acerca das experiências no sistema de cotas e das políticas públicas neste sentido, argumentos jurídicos explanados pelas partes e pela Procuradoria-Geral da República, impressões e critérios de julgamento das demandas pelos Juízes Federais, bem como o depoimento de alunos que vivenciaram a experiência do ingresso à Universidade pelo sistema em apreço.

Por certo que pela quantidade de requerimentos, mais de 250, foi necessária a realização de uma filtragem, segundo a discricionariedade

---

[178] Todos estes critérios, bem como a relação, qualificação e tema dos palestrantes, encontram-se no cronograma realizado pelo Ministro Relator em 26 de fevereiro de 2010, *vide* anexo VI.

[179] Não obstante os questionamentos da Ministra Cármen Lúcia abrir margem para discussões alheias ao objeto da causa, há de se considerar o interesse da Suprema Corte em conhecer e aproximar-se da realidade social que não lhe é tão próxima, e que pode estar em torno dessa e de outras controvérsias submetidas à Corte (notas taquigráficas, p. 421-423. Disponível em: <http://redir.stf.jus.br/estfvisualizadorpub/jsp/consultarprocessoeletronico/ConsultarProcessoEletronico.jsf?seqobjetoincidente=2691269>. Acesso em: 09 dez. 2010).

do Relator. Não obstante ainda persistir a carência de fundamentação pormenorizada acerca destes critérios de seleção, denota-se que esta foi realizada mediante a escolha de representantes dos mais variados setores da sociedade, resultando em uma pluralidade de opiniões de natureza histórica, jurídica, filosófica, sociológica, econômica, demográfica, estatística, política, moral entre outras, permitidas em virtude da própria complexidade que evolve o tema.

Discutiu-se muito acerca da amplitude do direito fundamental à igualdade, em um contexto de discriminação racial e desigualdade econômica, e o papel do estado intervencionista, garantidor desses direitos e suas obrigações transformadoras deste quadro social e político.

Em contrapartida, foram postos em pauta os efeitos colaterais das políticas raciais, trazendo a baila o questionamento se, de fato, a promoção da igualdade exige conduta ativa, ou se bastaria apenas impedir o preconceito e a discriminação. A questão do pluralismo e o resgate da fraternidade como elemento proporcionador da igualdade também foram assuntos ventilados.

No que se refere ao conteúdo jurídico-formal, o problema da competência da Corte Constitucional também foi matéria abordada pelos expositores, calcados no fato de que, em verdade, a causa encontra-se cunhada na constitucionalidade ou não de políticas públicas que sequer, ainda, foram formalizadas pela via legislativa.[180] Observa-se aqui a ainda imaturidade da competência autoproclamada pela Corte para a formulação de políticas públicas, reivindicação essa de atribuição que

---

[180] "Por fim, o terceiro desafio diz respeito ao papel que o Supremo Tribunal Federal assumirá, e, de certa feita, define paulatinamente os rumos, propósitos e limites de nossa jurisdição constitucional. Na verdade, antes de decidir sobre a constitucionalidade das cotas, o Supremo tribunal deverá decidir a quem cabe, nesse tema, melhor decidir. Quem nesse tema tormentoso melhor representa os anseios da sociedade brasileira? Os Juízes ou a própria sociedade, representada pelo Legislativo e pela Universidade? Deve a Corte, sob a pecha de seu inevitável caráter contra-majoritário assumir para si a decisão política traduzida no debate jurídico? Ou deve a Corte assumir uma postura de deferência para com os demais centros de poder envolvidos na questão, reconhecendo que os mesmos são o fórum adequado para o exercício do debate democrático que leva à melhor deliberação? Se assegurado o procedimento democrático que gerou as estruturas normativas ora em cheque deve o Supremo decidir substancialmente sobre essa matéria, substituindo-se a estas instâncias? Ou deve a Corte resguardar a autonomia dessas mesmas instâncias, posto que na ausência de violações não há o que se falar em intervenção judicial? Enfim, se admitirmos que outros atores participem da construção da Constituição, a força normativa da Constituição pode estar para além das barras dos tribunais, sugerindo uma nova dinâmica de relação entre os poderes do Estado e da própria sociedade civil"? (Fernanda Duarte Lopes Lucas da Silva, representante da Associação dos Juízes Federais do Brasil. Notas Taquigráficas, p. 432-433. Disponível em: <http://redir.stf.jus.br/estfvisualizadorpub/jsp/consultarprocessoeletronico/ConsultarProcessoEletronico.jsf?seqobjetoinciden te=2691269>. Acesso em: 09 dez. 2010).

CAPÍTULO 3
O VIVER DAS AUDIÊNCIAS PÚBLICAS NO STF – CRÔNICA DE UMA EXPERIÊNCIA INSTITUCIONAL ... | 93

se viu reiterada nos instrumentos convocatórios da audiência da saúde e igualmente naquela agora sob relato.

Forçoso ressaltar a pertinência da percepção crítica dos expositores ao sublinhar o estágio ainda de maturação de uma política pública, atentos à faceta política da Suprema Corte, novamente revelada, tal como ocorreu na audiência pública da saúde, ao destacar que: na questão da judicialização o intuito era o aprimoramento das políticas públicas já existentes, em matéria de saúde pública; nesta hipótese, ao revés, decidindo-se acerca da constitucionalidade da criação de cotas de ensino universitário, institucionalizada estaria a política pública, sem que houvesse o devido trâmite inerente às instâncias do processo democrático-representativo. Exsurge, novamente, o problema do desenho institucional dos poderes políticos organizados e das respectivas esferas de competência.

Foram permitidas exposições tendenciosas e de conotação política,[181] de conteúdo ético, moral e, até mesmo, percepções particulares como a apresentada pelo Juiz Federal Alberto Costa Dias, ao expor o dilema dos julgadores de primeira instância para a apreciação de casos difíceis como estes, segundo critério absolutamente artificial: o fenótipo, para decidir quem de fato é negro ou branco e é titular ou não daquele direito.[182]

A abertura à manifestação da sociedade ultrapassou a seara do simples discurso e foi realmente posta em prática no deferimento de pedido extraordinário, durante a realização do evento, de um aluno que vivenciou a experiência de ingresso ao ensino superior pelo sistema

---

[181] "Como é possível que nesse país, que não tem universidades públicas para todos, os governos despejem milhões de reais nas universidades particulares, via isenção de impostos, subsidiando os chamados tubarões do ensino, que, aliás, onde muitos cursos mal chegam à média de aprovação do MEC. Como é possível que se pague bilhões e bilhões de reais para os capitais, banqueiros e para as grandes multinacionais, enquanto o povo sofre com a falta de saúde, educação, de moradia digna e de emprego digno. Os recursos existem e estão no orçamento há muito tempo, e o que falta é a vontade política para reverter essa situação" (José Carlos Miranda. Representante do Movimento Negro Socialista. Notas taquigráficas, p. 323. Disponível em: <http://redir.stf.jus.br/estfvisualizadorpub/jsp/consultarprocessoeletronico/ConsultarProcessoEletronico.jsf?seqobjetoincidente=2691269>. Acesso em: 09 dez. 2010).

[182] "...Em síntese, parece-me — e aí a aflição do juiz de primeiro grau é essa — que a instituição das cotas transforma o juiz federal, ou o judiciário, nos casos difíceis, no árbitro, segundo um critério absolutamente artificial, ou seja, o fenótipo, e dizer: olha, você tem direito e você vai perder o direito, sendo que a Constituição proíbe discriminação em função de cor; sendo que a própria Constituição estabelece já o critério ao acesso ao ensino Superior pelo critério da capacidade" (Carlos Alberto da Costa Dias, Juiz da Segunda Vara Federal de Florianópolis. Notas taquigráficas, p 309. Disponível em: <http://redir.stf.jus.br/estfvisualizadorpub/jsp/consultarprocessoeletronico/ConsultarProcessoEletronico.jsf?seqobjetoincidente=2691269>. Acesso em: 09 dez. 2010).

de cotas. Para a mantença da paridade de opiniões, achou por bem o Relator, inclusive, assegurar a oitiva de dois estudantes cotistas com opiniões divergentes, respectivamente das Universidades Federal do Rio Grande do Sul — parecer desfavorável — e Universidade Federal do Rio de Janeiro (UERJ) — opinião favorável.[183]

A audiência foi encerrada em clima amistoso, porém a ação ainda está a merecer julgamento.

Em suma, a iniciativa democrática, tal como realizada, foi reconhecida e elogiada pelos participantes[184] e denominada pelo Ministro Ricardo Lewandowski como representação de uma quebra de paradigma, justamente por tratar-se de experiência que traz a cidadania para dentro do Judiciário, contribuindo para que os Ministros tenham subsídios para o melhor julgamento.[185]

Compreendidos os termos em que cada qual das audiências se verificou — considerado ainda o entorno do debate e a natureza da temática em discussão — é possível empreender uma análise crítica do seu efetivo potencial para o incremento do acerto ou da legitimidade da decisão judicial que ali se construía; tudo a partir da percepção externada no capítulo 1, de que o agir institucional da Suprema Corte não desconsidera os efeitos de sua pronúncia sobre a opinião pública.

---

[183] Importante louvar a oportunidade de participação da sociedade propriamente dita na oitiva daqueles que efetivamente estariam vivenciando o problema, oportunidade que não se verificou na audiência pública da saúde, na qual não foi ouvido nenhum usuário do SUS.

[184] "Até pouco tempo, senhores membros, o Supremo Tribunal Federal era uma corte conhecida apenas por nós, integrantes da comunidade jurídica do mundo jurídico do País. Hoje, ele se aproxima da sociedade, e é bom que seja assim, é bom que a sociedade consiga essa visão" (Miguel Angelo Cançado – Tesoureiro do Conselho Federal da Ordem dos Advogados do Brasil, notas taquigráficas. Disponível em: <http://redir.stf.jus.br/estfvisualizadorpub/jsp/consultarprocessoeletronico/ConsultarProcessoEletronico.jsf?seq objetoincidente=2691269>. Acesso em: 09 dez. 2010).

[185] "Essas audiências públicas — acabei de dizer isso ao Ministro Joaquim Barbosa — representam uma quebra de paradigma. Aliás, isso foi ressaltado já da tribuna também porque é uma experiência que traz a cidadania para dentro do Judiciário, para dentro do Supremo Tribunal Federal. A experiência dos vários setores sociais para que os Ministros possam melhor fazer seus julgamentos a respeito das magnas questões que lhes são apresentadas. É uma experiência, ao meu ver, bastante enriquecedora e insisto em dizer, é uma quebra de paradigmas" (Ministro Relator – discurso de encerramento. Notas Taquigráficas, p. 448. Disponível em: <http://redir.stf.jus.br/estfvisualizadorpub/jsp/consultarprocessoeletronico/ConsultarProcessoEletronico.jsf?seqobjetoinciden te=2691269>. Acesso em: 09 dez. 2010).

CAPÍTULO 4

DIÁLOGOS SOCIAIS, "CRENÇAS DISSEMINADAS" E SEU PAPEL NA CONSTRUÇÃO DA DECISÃO JUDICIAL

O percurso de natureza teórico-empírico, até o momento desenvolvido nesta obra, evidencia as constrições — não de ordem puramente técnica — que incidem sobre a cunhagem da decisão judicial, especialmente aquela modelada em sede de *judicial review*, desconstruindo o mito de sua legitimidade a partir de uma suposta perspectiva exclusivamente técnica. De outro lado, sublinha a incorporação preceitual de instrumentos orientados à formação de canais de comunicação com a sociedade, condutos esses que podem ser manejados no processo de formação do convencimento judicial, com vistas ao enriquecimento argumentativo e à abertura à manifestação da sociedade; tudo no rumo da sempre desejada legitimidade da prestação jurisdicional.

Finalmente, a análise empreendida no capítulo 3 dá conta da realidade de aplicação de um desses institutos — o das audiências públicas —;[186] esforço de pesquisa que se destina a embasar uma análise acerca do seu efetivo potencial para superação das dificuldades que

---

[186] Reitere-se a observação já formulada na introdução de que não passou despercebido aos autores o universo ainda limitado das audiências já havidas, num total de 5 (cinco). Essa circunstância, todavia, não pareceu suficiente a invalidar o esforço de análise que ora se empreende, até e principalmente como contribuição ao prosseguimento do processo de depuração do instituto que, por seu ineditismo, há de ser cunhado a partir de uma perspectiva dialética entre o STF — seu mentor e aplicador — e a doutrina, que como observadora externa, adiciona à temática um outro olhar.

se pretendia através dele responder, a saber, o aporte de informações (técnicas ou não) reputadas úteis pelo relator, e a ampliação do diálogo com a sociedade de molde a pautar-se a outorga da jurisdição pelo pluralismo e pelo indispensável caráter democrático que lhe emprestariam o sempre buscado signo de legitimidade.

As variadas trilhas pelas quais se conduziram as audiências públicas relatadas no capítulo anterior estão a sugerir uma reflexão sobre a adequada forma de se empreender à agregação de subsídios de toda ordem aportados à decisão judicial que supostamente decorreria da abertura dialógica — cogitação essa que remete, por sua vez, ao atualíssimo debate em curso na doutrina norte-americana acerca da interface entre teorias que preconizam a maior qualificação das escolhas perpetradas por *many minds* e o aprimoramento da decisão judicial.

A partir do ponto de vista crítico da mundializada crise de representação,[187] tem a doutrina norte-americana explorado os mecanismos que traduzam uma lógica de agregação ao processo de escolha pública, de mais atores — e quais os virtuais benefícios dessa prática, não só no exercício ordinário das opções políticas, mas também no enfrentamento de temas espinhosos submetidos à jurisdição constitucional que, como se sabe, igualmente se pode identificar como resultado de uma escolha política, como já lecionava Dahl ainda no final da década de 50 do século passado.[188]

Observe-se que a reflexão relacionada às virtudes das decisões expressas por muitas mentes não se articula exclusivamente a uma cogitação que associe múltiplos participantes a um incremento do índice democrático da escolha. Mais do que isso, aquilo que se investiga quando se tem em conta as características das crenças disseminadas, ou do pensamento de *many minds*, é identificar um *método* que contribua para o acerto da decisão, numa perspectiva mais substantiva que procedimental.[189]

---

[187] Registre-se a interessante perspectiva de Ingram, que identifica a "crise" da representação democrática — no que se contém a ainda hoje *vexata quaestio* acerca de quem seja esse povo representado — como um momento potencialmente construtivo, que permite a rejeição pelo "povo", dos instrumentos que foram até então desenvolvidos para promover justamente a sua representação (INGRAM, James D. *Who is 'The People'?*: On the impossible subject of democracy. Texto disponibilizado pelo autor por ocasião de sua visita à PUC-RIO no ano de 2010).

[188] DAHL, Robert A. Decision-making in a democracy: the Supreme Court as a national policy-maker. *Journal of Public Law*, 6, 279, 1957.

[189] Observe-se que esse tipo de cogitação remanesce fiel à proposta declinada na Introdução dessa obra, na medida em que também os métodos de decisão integram a perspectiva do desenho institucional.

CAPÍTULO 4
DIÁLOGOS SOCIAIS, "CRENÇAS DISSEMINADAS" E SEU PAPEL NA CONSTRUÇÃO DA DECISÃO JUDICIAL 97

A etapa que agora se propõe à reflexão é examinar se efetivamente o concurso de muitos, em decorrência do diálogo social provocado pelo STF na forma já apontada como concretizada pela Corte pode contribuir para o acerto da decisão — nos termos preconizados pelas *many minds theories* e, em caso positivo, se disso decorre uma posição necessariamente deferente à Corte Constitucional para com essas mesmas construções coletivas.

Subproduto natural da análise acima indicada será uma visão crítica em relação ao método pelo qual se vem buscando, pela via das audiências públicas, essa oitiva de muitos, num esforço de contribuição para o aprimoramento de um mecanismo que é pioneiro, e por si só meritório, estando a merecer por isso mesmo toda contribuição que a academia pode oferecer à sua cunhagem.

4.1 O pensamento de muitas mentes na doutrina americana

O debate americano em torno da importância de um caráter mais plural na construção do sentido constitucional sofreu uma acentuada intensificação a partir dos anos 80 do século passado,[190] com a eclosão de variadas e importantes obras que, em torno da centenária discussão acerca da legitimidade da *judicial review*, cogitavam da redução do papel da Suprema Corte, seja em favor da devolução dos grandes temas diretamente à deliberação social,[191] seja em prol da preferência em favor das decisões legislativas.[192] Remanesce, sob essa perspectiva, a discussão sobre a adequação da estrutura institucional da Corte Constitucional para empreender à explicitação do conteúdo do documento político.

---

[190] *Vide* a obra central para a compreensão desse ponto defendendo uma abertura da Corte Suprema dos Estados Unidos por meio da efetivação do procedimentalismo, isto é, com base na garantia da liberdade das minorias, garantir a participação de todos os segmentos envolvidos num determinado caso (ELY, John Hart. *Democracy and Distrust*: A Theory of Judicial Review. Cambridge. Harvard University Press, 1980).

[191] Para um retrato desse debate, sem qualquer pretensão de esgotamento, consulte-se Larry D. Kramer (*The people themselves*: popular constitutionalism and judicial review. New York: Oxford University Press, 2004); Mark Tushnet (*Taking the constitution away from the courts*. Princeton: Princeton University Press, 1999 e TUSHNET, Mark. Popular constitutionalism as political law. *Chicago-Kent Law Review*, v. 81, p. 991-1003, 2006); Cass Sunstein (*One case at a time*: Judicial minimalismo in the Supreme Court. Cambridge: Harvard University Press, 1997), dentre muitas e muitas obras relevantes.

[192] Firme na tese da preferência em favor da atuação do legislativo na cunhagem do sentido constitucional, Jeremy Waldron (*Law and disagreement*. New York: Oxford University, 1999); Adrian Vermeule (2009).

É de se ter em conta as particularidades do cenário que deu origem à referida discussão e correspondente bibliografia. O sistema norte-americano — de constituição sintética, de reforma constitucional sujeita a procedimento mais do que restrito, e de *common law*, — culmina por determinar à Suprema Corte um espaço de decisão, no que toca ao sentido constitucional muito amplo, vinculativo e com poucas alternativas de resposta institucional por parte do legislativo,[193] como já explorado no capítulo 1. Assim, naquela arquitetura institucional, é natural que a tensão se estabeleça *nas relações entre esses dois poderes*, o que explica a vasta literatura no campo da *vexata quaestio* em torno de qual seja a instituição revestida de legitimidade para essa atividade de definição última do sentido constitucional.[194]

O cenário brasileiro — por certo — guarda profundas diferenças em relação àquele norte-americano. O sistema normativo de *civil law* e a possibilidade de reforma constitucional — que não se tem revelado tão difícil, na medida em que com pouco mais de 20 anos já são mais de seis dezenas de emendas constitucionais — alivia a disputa institucional identificada como mais presente em terras norte-americanas.[195]

Mesmo o caráter analítico de nossa carta constitucional parece se revelar, em alguma medida, conveniente ao balanceamento entre os dois poderes, na medida em que o Executivo, com o *placet* do Legislativo, com frequência, traz para o Texto Fundamental preceitos que nele não continham originalmente, até como medida de constrição política de governos futuros pela constitucionalização de políticas públicas.[196]

---

[193] Essa foi uma das constatações atinentes ao sempre paradigmático sistema norte-americano de controle de constitucionalidade que deu ensejo às experiências mais recentes de *judicial review* sem supremacia, havidas especialmente nos países da antiga *Commonwealth*, descritas em obra anterior desse mesmo grupo de pesquisa (SILVA, 2010).

[194] Registre-se de já a divergência de Sunstein na abertura de sua obra mais recente, na qual afirma que a crença generalizada de que a mudança constitucional na América se dê tão somente por intermédio de interpretação judicial se revela em verdade um equívoco: "...o que é muito menos notado e de longe, mais relevante, e aquilo que eu quero destacar aqui, é extensão na qual as mudanças nos arranjos constitucionais e seu entendimento se deu como produto do processo democrático ordinário, produzindo ajustes na compreensão constitucional ao longo do tempo. Auto-governo, muito mais do que inovação judicial, tem sido o responsável por esses ajustes" (SUNSTEIN, 2009a).

[195] Não se extraia da afirmação acima a apressada conclusão de que não se identifique tensão, no cenário brasileiro, entre Legislativo e Judiciário — particularmente quando a intervenção desse último adentra nos temas relacionados à repartição e exercício do poder. O que se está assinalando é que a amplitude maior de possibilidades de reações institucionais eficazes do legislativo no sistema brasileiro — notadamente a já mencionada "correção legislativa" da decisão judicial ameniza as tensões, que todavia subsistem porque são inerentes ao jogo do poder.

[196] A inclusão no Texto Fundamental de políticas públicas — independente de considerações de ordem histórico-política relacionadas à necessidade de garantia da concretização de

Em que pese as diferenças de ambiente institucional, nem por isso a reflexão estadunidense mais recente — em torno de uma Constituição concretizada por muitas mentes — se tem por afastada da realidade brasileira. Isso porque sua face mais atual, traduzida especialmente nas obras de Sunstein (2009a) e Vermeule,[197] comentadas em interessante análise comparativa por Barber[198] e Ferejohn,[199] dedica-se a uma perspectiva de análise que tem em conta não a questão democrática ou o contramajoritarianismo propriamente, mas sim critérios supostamente objetivos originários da teoria da escolha pública, ou ainda da economia comportamental.

Não é ocioso destacar que esse percurso exploratório no campo teórico americano se explica por um contexto em que também esse debate — do caráter efetivamente contramajoritário do comportamento real da Corte — remanesce aberto. Assim, não obstante a idealização teórica de Bickel, que associa a legitimidade da jurisdição constitucional ao seu caráter contramajoritário e o correspondente potencial de neutralização de eventuais abusos da representação/maioria, fato é que desde o texto histórico de Dahl (1957), já mencionado neste capítulo, as evidências empíricas estariam a sugerir que, não obstante tal prerrogativa de oferta de voz e vez às minorias se tenha por presente no desenho institucional da Corte, seu viver de outorga de jurisdição não evidencia esse exercício. Essa mesma linha é ainda corroborada por Tushnet (2000) ao justificar seu ceticismo em relação ao *judicial review*.

De outro lado, Pildes[200] retoma o tema para rebater as afirmações de Dahl (1957), a partir não só da afirmação de que o comportamento pretérito da Corte não pode ser elemento decisivo da compreensão de seu verdadeiro papel institucional, mas também de uma nova realidade nos próprios parâmetros de composição e renovação da Corte, que lhe

---

objetivos constitucionais — geral a necessidade da construção de supermaiorias para a modificação da escolha política que elas traduzam, instituindo-se um ponto de veto em relação à atuação do grupo político subsequente (ARANTES, Rogério Bastos; COUTO, Cláudio Gonçalves. Construção democrática e modelos de Constituição. *Dados*, Rio de Janeiro, v. 53, n. 3, 2010. Disponível em: <http://www.scielo.br/scielo.php?script=sci_arttext&pid=S0011-52582010000300002&lng=en&nrm=iso>. Acesso em: 26 jan. 2011).

[197] VERMEULE, 2009.

[198] BARBER, N. W. Two meditations on the thoughts of many minds. *Texas Law Review*, v. 88:807, p. 807-832, 2010.

[199] FEREJOHN, 2010.

[200] PILDES, Richard H. Is the Supreme Court a "Majoritarian" Institution?. *Supreme Court Review*, Dec. 31, 2010; *NYU School of Law, Public Law Research Paper*, n. 11-01. Disponível em: <http://ssrn.com/abstract=1733169>. Acesso em: 18 fev. 2011.

permitiria um desprendimento das antigas constrições relacionadas ao apoio popular e à sua aprovação enquanto instituição.

Fato é que a ideia do contramajoritarianismo pode se revelar como frágil à sustentação da legitimidade da *judicial review* em tempos em que a própria dicotomia minoria *versus* maioria possivelmente já se revela uma simplificação de uma realidade muito mais complexa e multifacetada, especialmente nas grandes questões constitucionais, que normalmente estarão a envolver juízos morais de expressiva repercussão no pacto social.

É nesse cenário que se tem o olhar voltado a aspectos relacionados à teoria da decisão judicial, que vão buscar em seu método de construção o caminho de aperfeiçoamento — e nessa linha, de legitimidade. Não obstante todo esse debate em torno do caráter efetivamente contramajoritário da Corte não se tenha formalmente posto no Brasil, o caráter supostamente neutro dos critérios estudados nas chamadas *many minds theories* permitiria a exploração daquelas mesmas ideias no cenário nacional, sem que as diferenças de arquitetura institucional comprometam a transposição de cogitações.

Numa análise extremamente sintética — e que certamente não faz jus à riqueza das obras citadas — aquilo de que as teorias dos grandes números, ou das crenças disseminadas, cogitam é de saber se a decisão decorrente de uma coletividade de agentes decisores que tenda à ampliação revela-se potencialmente mais acertada do que aquela cunhada por um universo mais restrito, seja qual for o seu perfil de composição.[201] Se muitas mentes, selecionadas a partir de um critério que ainda é de se construir,[202] tendem a gerar uma decisão mais acertada, a consequência é no sentido de que as decisões judiciais devem se mostrar *deferentes* em relação aos processos coletivos de identificação de sentido constitucional que tenham ocorrido anteriormente à sua intervenção — ou, ainda, devem buscar o concurso desse mesmo elemento de aprimoramento pela via de institutos como o da audiência pública, acima explorado no que diz respeito aos parâmetros de sua realização.

---

[201] O caso mais extremo de universo reduzido de decisões se identifica, naturalmente, com o Judiciário, no qual um único juiz pode ser chamado, especialmente no exercício do controle difuso, a compor conflito de interesse envolvendo sensíveis temas constitucionais. Ainda que se tenha em conta o STF, em sua composição Plenária, está-se falando de um máximo de 11 atores decidindo o sentido de uma Constituição que disciplina o convívio social e as relações jurídicas de quase 200 milhões de pessoas.

[202] Questão secundária sugerida pelas *many minds theories* é saber *quem* devam ser os múltiplos atores que devam ser agregados ao processo de formação da escolha.

Dois esclarecimentos de pronto são de se fazer: primeiro, a afirmação é de uma desejável *deferência* — e não de uma vinculatividade absoluta, porque em tudo se está a cogitar de *tendência*, de *probabilidade*, e não de certeza. Segundo, a expressão "decisão coletiva" se usa no sentido mais amplo possível, como aquela que supostamente traduz o pensamento de muitos. Assim, tanto é decisão coletiva para fins das teorias dos grandes números norte-americana, aquela que decorre do poder legislativo, como o são os precedentes historicamente construídos pelo próprio judiciário (que expressam um sentido constitucional fixado por uma sucessão de agentes); como ainda o são as tradições, cunhadas igualmente pela crença disseminada na sociedade de que uma prática ou valor são úteis à construção do convívio.

4.1.1 O processo de formulação de escolhas políticas e o Teorema de Condorcet

A identificação do que se possa constituir uma escolha política se tem por desenhada no trabalho clássico de Dahl (1957), sintetizada na ideia de que se traduza na escolha entre possibilidades em relação às quais haja, quando menos inicialmente, alguma incerteza, que pode decorrer de: 1. informação inadequada quanto às alternativas disponíveis; 2. imprecisão quanto às consequências decorrentes da escolha incidir em favor de uma determinada alternativa; 3. incerteza quanto ao nível de probabilidade de que as consequências cogitadas efetivamente se verifiquem; 4. o valor relativo de cada qual destas possibilidades. Observe-se que o elemento mitigador da incerteza pode se compreender no campo da técnica (com o oferecimento das informações originalmente indisponíveis); ou ainda no campo da política, com uma prognose adequada das consequências possíveis do curso de ação que se esteja elegendo.

A busca da formulação de uma adequada escolha política envolve, portanto, a superação dos elementos de incerteza — e isso pode envolver a agregação de novos atores ao processo de decisão; preferencialmente atores cujo perfil possa contribuir para a superação desse mesmo elemento de dúvida.[203]

---

[203] Esse é um campo de incidência possível para a disciplina original da figura das audiências públicas, que conferia primazia aos aspectos técnicos que se pudesse aduzir, com o que se municiaria o julgador para a superação da incerteza.

No centro do debate em torno das teorias dos grandes números encontra-se o Teorema de Condorcet, formulado pelo matemático francês de mesmo nome, no século XVIII: a probabilidade de uma resposta correta adotada por um grupo majoritário aumenta, tendendo a 100%, à medida que o grupo cresce. O ponto central é que os grupos escolherão melhor que indivíduos, e grandes grupos melhor do que pequenos, desde que duas condições estejam presentes: 1. as decisões sejam tomadas segundo um princípio majoritário; e 2. cada pessoa tenha maior chance de estar correta do que errada.[204] O apelo dessa mesma construção lógica está em que ela parece oferecer uma atrativa base para uma teoria democrática, figurando como uma razão a recomendar escolhas majoritárias como um modo ideal de concretização das decisões governamentais.[205]

Tenha-se ainda em conta que o mecanismo preconizado por Condorcet — que, objetivamente, por uma aplicação matemática conduziria a uma deliberação adequada — parece ainda se alinhar com o ideário de uma democracia apolítica,[206] que se possa exercitar segundo cânones de racionalidade, orientada à concretização de valores superiores àqueles identificados pelo puro poder político, e por opiniões parciais.

Inobstante o destaque sempre maior oferecido às múltiplas aplicações do Teorema de Condorcet na formulação das escolhas referentes ao sentido constitucional; integram igualmente o universo de cogitação do valor das crenças disseminadas, ou do pensamento de muitos: 1. as vantagens decorrentes da mais ampla agregação de informações — e, portanto, o enriquecimento do processo de discussão — que se pode verificar nos grandes grupos, e 2. a materialização em regras eficientes, de uma inarticulada sabedoria da coletividade que decorre da sua própria evolução através do convívio.

Em todas essas manifestações, mais é mais — quanto mais participantes da escolha, maior a probabilidade de êxito no foco de Condorcet; quanto mais amplo o universo de agentes contribuindo para a decisão, maior a agregação de informações que a qualifica; quanto

---

[204] SUNSTEIN, 2009a, p. 9.

[205] FEREJOHN, 2010, p. 1982.

[206] As virtudes de uma democracia da razão repousariam no temperamento das paixões — que tendem a decisões extremas e imponderadas. A superiodidade de um processo racional de decisão estaria a justificar igualmente uma prerrogativa judicial de manifestação derradeira — na medida em que seus critérios técnico-objetivos de decisão permitiriam a sobriedade desejada para a formulação de soluções em grandes questões públicas (URBINATI, Nadia. Unpolitical democracy. *Political Theory*, 38(1), p. 65-92, 2010).

maior o grupo que convive socialmente, mais eficiente a regra que decorre da articulação dessa inteligência coletiva construída.

Essa enunciação — de que grandes números possam sempre se mostrar atrativos para fins de construção da boa decisão — aparentemente cartesiana, não se transpõe sem críticas para o universo institucional incumbido da construção do sentido constitucional.

No que toca ao Teorema de Condorcet, um grave argumento de contradita repousa na circunstância de que o seu pressuposto é de que os participantes da decisão tenham pelo menos 50% de chance de formular a escolha acertada — premissa que encontra várias dificuldades na vida prática.[207] A noção em si de certo e errado, verdadeiro ou falso parece mais próxima ao terreno dos fatos do que àquele dos valores. Quando o problema se transpõe para o campo constitucional, particularmente no debate das graves questões morais, a premissa de Condorcet soa particularmente artificial, posto que em matéria de sentido do Texto Fundamental, dificilmente se estará diante de questões puramente factuais, objetivas, em relação a quais se possa cuidar de *uma* resposta *correta*. Ainda que uma demanda constitucional envolva verdades factuais, dificilmente esse será o único tema em debate — normalmente o entorno fático é mera moldura para uma questão muito mais intrincada, valorativa, revestida de forte conteúdo moral.[208]

4.1.2 Outros processos coletivos de construção de decisão e seu relativismo no incremento do acerto das conclusões

No que toca aos benefícios decorrentes da construção coletiva do conhecimento por agregação de informações no grupo, e mesmo à consolidação da sabedoria da coletividade — ambas baseadas na premissa de que mais atores implica mais elementos para decidir e, portanto, resultado mais qualificado — também as vantagens não se revelam inequívocas.

---

[207] O referido Teorema assume (falsamente) — como denuncia Sunstein — que: 1. as pessoas não sejam afetadas pela circunstância de seus pontos de vista serem ou não decisivos; 2. as pessoas não serão afetadas pelos votos umas das outras; e 3. a possibilidade de um dos membros do grupo estar certo não guardaria qualquer relação estatística à probabilidade de outro membros do grupo estar igualmente correto (SUSNTEIN, Cass. *Infotopia*: How many minds produce knowledge. Oxford: Oxford University Press, 2006. p. 27-28).

[208] O tema desenvolvido na pioneira audiência pública havida, ADI nº 3.510, se de um lado pode ser visto como envolvendo uma questão objetiva, fática — qual o início da vida —; de outro lado contempla inequívocos elementos de ordem moral.

É vasto o elenco de fatores que podem influenciar — positiva ou negativamente — a escolha coletiva. O primeiro deles — a outra face da moeda no aumento do número de participantes do processo — é a influência sobre a decisão de "B", da opinião previamente expressa por "A", gerando o fenômeno identificado por *informational cascades*, que descaracteriza a participação de cada ator como expressão da sua real vontade, para transformá-la numa mera reprodução do que lhe pareça correto pela autoridade de quem antes dele se manifestou, ou ainda daquilo que lhe pareça como a decisão já consolidada no grupo, em relação à qual ele pouco poderá influir.

Pré-compreensões errôneas em relação ao tema em debate, indicação distorcida das possibilidades reais de decisão, receio da reprovação social pelo externar de um ponto de vista que não é o mais comum; todos esses são fenômenos que se verificam nas eleições que compreendam um vasto número de envolvidos, e que podem contaminar o processo de apuração do que seja a opinião pública no tema submetido à consideração judicial.[209] Mais recentemente, as possibilidades tecnológicas de seletividade em relação aos temas e ideias em relação aos quais se é exposto, confrontado, pode gerar outro elemento de distorção identificado por Sunstein (2009c),[210] a saber, aquele da fragmentação das comunidades que pretendam vez e voz no processo público de deliberação; disso decorrendo um possível incremento na possibilidade real de entendimento mútuo. Num ambiente de fragmentação, as intervenções de cada qual dos segmentos sociais se dá a partir de uma visão parcial não só quanto à sua opinião pessoal, mas também dos possíveis pontos de vista divergentes sobre um mesmo assunto — que teriam sido excluídos inicialmente de cogitação pelo uso de filtros em relação à exposição ao dissenso.

É de Ferejohn[211] a crítica de que a ótica de aumentar-se o *input* de informações com uma ampliação do universo de participantes não se traduz necessariamente numa maior qualificação do resultado, na medida em que é de se ter em conta, ainda, os mecanismos segundo os quais esses mesmos elementos são adquiridos e transmitidos entre os membros do grupo, antes de serem combinados para determinar a decisão. Quanto mais técnico o debate, maiores as dificuldades na

---

[209] SUNSTEIN, 2006.

[210] SUNSTEIN, Cass. *Republic.com 2.0*. Princeton University Press, 2009c. E-book.

[211] FEREJOHN, 2010, p. 1970.

aquisição e transmissão de informações[212] — da mesma forma, maior o risco de que uma combinação indevida de elementos trazidos a discussão conduza a uma decisão equívoca.

Finalmente, a chamada consolidação da *societal wisdon*, que se vê traduzida no assentamento de tradições e/ou de precedentes firmados que reflitam essa mesma pacificação de entendimento, pode externar um simples fenômeno de conservadorismo coletivo,[213] ou seja, de apego a uma prática que tem a seu favor tão somente a familiaridade do grupo social, ou a sua tendência à inércia. Nessas hipóteses, a deferência em relação à prática social consolidada pode concorrer não para o aperfeiçoamento da decisão, mas para a sua cristalização acrítica.

A conclusão — mesmo em terras norte-americanas — parece se firmar no sentido de que não se possa, a rigor, ter por certo, *aprioristicamente*, que uma decisão cunhada por muitas mentes se revelará sempre e necessariamente mais qualificada ou o melhor veículo para o acertamento do sentido constitucional. Em síntese, mais não será sempre mais.[214]

Disso não se extraia todavia a irrelevância do aumento do universo de participantes: em verdade, o que o estado da arte no tema no direito norte-americano parece estar a sugerir é que diferentes matérias devam encontrar *distintos graus de ampliação e seleção do universo de many minds* que possa efetivamente contribuir para o aprimoramento da decisão. Mais ainda, a tendência à ampliação dos participantes deve ser combinada com o uso de estratégias que possam minimizar os riscos de distorção acima apontados.

Importante destacar que não se está aqui afirmando um truísmo — afinal, se *judicial review*, desde Bickel,[215] é identificado como mecanismo contramajoritário, parece evidente que crenças

---

[212] "...Informação é necessária para guiar tanto ações individuais quanto coletivas, mas informações frequentemente é de geração custosa, e revela-se caro transmiti-la para os lugares onde as decisões são tomadas" (FEREJOHN, 2010, p. 1985).

[213] SUNSTEIN, Cass. *Why do societies need dissent*. Cambridge: Harvard Press University, 2003. p. 16-17.

[214] De novo parece relevante o aporte de Ingram quando sustenta que o povo — entendido em seu sentido sociológico — não se confunde com o povo entendido no sentido político-legitimador; que essas figuras não serão jamais equivalentes, pela simples circunstância de que existe uma distância entre o povo como coletividade de cidadãos, e o povo como a base da legitimidade política; existe um *gap* entre o povo em si mesmo e o povo como ideia. Se essa afirmação é verdadeira, a multiplicação do número de participantes na decisão não contribuirá necessariamente para sua qualidade ou legitimidade, posto que isso em nada repercute na superação do mencionado distanciamento entre povo real e povo ideal (INGRAM, 2010).

[215] BICKEL, 1986.

disseminadas ou a opinião da maioria não seja necessariamente um elemento *decisivo* em relação à constitucionalidade de uma escolha, que pode recair justamente sobre a posição da minoria. Todavia, o capítulo 1 já demonstrou que a consideração da sintonia entre a decisão judicial e a posição externada pelo corpo social não se apresenta como um indiferente do ponto de vista da autoridade judicial. O que se está evidenciando é que essa sensibilidade para com a opinião pública no tema submetido à decisão judicial não pode desconsiderar que *many minds* nem sempre se revelará por si só, sem qualquer seletividade, um elemento útil ao aprimoramento da decisão,

Numa outra perspectiva, nitidamente complementar à cogitação de critérios objetivos como justificadores dos méritos de uma decisão resultante de um universo mais amplo de participantes, Waldron[216] destaca a importância do empoderamento e da autoridade do povo como manifestação de meio de concretização de um *positive constitutionalism*; aquele orientado pragmaticamente à concretização dos compromissos valorativos do Texto Fundamental. Desponta nesse modelo uma aposta não só na dimensão *constritiva* do controle do poder, mas também na importância do *controle afirmativo*, comprometido com a *viabilização do querer do povo*, e não só com a repressão do que se afasta dessa mesma vontade fundamental. Também a partir dessa ótica, ainda que a vontade da maioria não se apresente como um elemento definitivo na cunhagem da decisão judicial, ela se apresenta como um fator relevante para orientar a atividade de controle do poder — no sentido afirmativo, no mais das vezes secundarizado em favor de um controle constritivo — que é ínsita ao exercício do *judicial review*.

A originalidade na demonstração de Sunstein e Vermeule está em que também a lógica contramajoritária por si só não parece suficiente a assegurar a correção ou legitimidade da decisão judicial, especialmente em graves questões morais, nas quais até mesmo o pluralismo pode determinar um ambiente no qual a própria identificação de maiorias e minorias se revele árdua. O problema de legitimação da *judicial review* não se resolve então a partir tão somente de uma perspectiva do sujeito da decisão, e da sua adequação a partir do desenho institucional. A esse critério — do sujeito — é de se combinar igualmente uma preocupação com o método de desenvolvimento da função; esses vetores seriam de se somar para assegurar uma resultante efetivamente orientada a uma decisão que se possa reputar legítima.

---

[216] WALDRON, 2010.

Se o uso de muitas mentes para a materialização do sentido da Carta Fundamental encontra desafios — e não se pode afirmar sempre vantajoso no que toca ao acerto da decisão —; isso não significa dizer que se cuide de uma estratégia sem qualquer relevância ou utilidade para esse mesmo resultado.

Mais ainda, no plano normativo e no plano fático, o recurso às *many minds* como um contributo à construção da decisão em sede de jurisdição constitucional já é uma realidade que se incorporou à prática do Supremo Tribunal Federal, e que tem despertado, como demonstrado no capítulo 3 acima, interesse crescente da sociedade. Cumpre, a essa altura, aferir como se deva verificar essa busca das *many minds*, de forma que se possa prevenir os riscos que a literatura no tema já tem apontado — tudo na busca de um método que contribua efetivamente à legitimidade das decisões, não pela simples realização em concreto da oitiva de muitos, mas pelo zelo na busca real da inteligência coletiva que a sociedade, por suas *many minds*, pode oferecer.

4.2 Expectativas deliberativas e o destinatário da escolha em cenário de muitas mentes

Outro vetor teórico sugerido pela reflexão estadunidense relacionada ao concurso de muitas mentes na formação da decisão diz respeito aos seus desdobramentos naquilo que Ferejohn e Pasquino (2009, p. 43-44) apontam como expectativas deliberativas. Partindo da qualificação oferecida por Rawls das Cortes como instituições deliberativas exemplares, desenvolvem os autores a importância da fundamentação da decisão como elemento caracterizador do caráter democrático da escolha, e ainda como garantia da possibilidade de antecipação das implicações de uma decisão atual para casos futuros.

Importante ter por claro que numa democracia as expectativas deliberativas se revelam mais atenuadas em relação aos agentes de poder eleitos — que tem no voto a sua base de legitimidade —, e mais agudas em relação aos não eleitos. Afinal, em relação a estes últimos, é o desenvolvimento de um processo de argumentação racional subjacente à atuação pública que assegurará o fundamento de legitimação de suas escolhas; revelando-se indispensável uma abertura à alteração de suas próprias convicções, e disposição para compartilhar ideias na tentativa de persuadir os demais interlocutores.

A abertura dialógica ao concurso de muitas mentes, portanto, em matéria de *judicial review*, mais do que uma garantia de voz, há de envolver uma *disponibilidade ao convencimento* — de um e de outro lado — sem o que não se pode reconhecer uma prática que efetivamente vá de encontro às expectativas deliberativas numa democracia. Compatível com essas características a evocação pelo próprio Supremo, já tanto referida, da prática da representação argumentativa como seu principal suporte de legitimidade.

De outro lado, o mecanismo segundo o qual essa mesma deliberação quanto ao sentido constitucional se deva verificar sofre reflexos diretos do modelo de jurisdição constitucional de que se cuide. Significa dizer, num modelo de competência concentrada em favor de um único órgão — que centraliza portanto a ação de controle — a deliberação tende a se verificar internamente, tendo por destinatários os próprios membros da Corte. Já nos desenhos de competência difusa de *judicial review*, essa deliberação necessariamente se abre ao "público externo", na medida em que a interpretação constitucional, desenvolvida pela Corte no seu papel de guardiã da Constituição, figura como elemento a orientar a mesma atividade que é desenvolvida pelos demais órgãos do poder judiciário.

> Este papel regulatório ou de coordenação força a Corte a realizar o seu trabalho de forma pública e transparente, de modo a permitir a juízes, advogados e outros órgãos anteciparem de forma clara e com êxito (na maior parte das vezes) como a Corte se posicionaria em casos que não foram ainda analisados por ela.

O uso de um modelo de deliberação externa nos sistemas pautados pelo controle difuso envolve, portanto, um relevante vetor de segurança jurídica, assistindo à Corte o papel de — na expressão de Ferejohn e Pasquino (2009) — reguladora do processo de interpretação constitucional desenvolvido pelos demais órgãos judiciários e estruturas institucionais revestidas da mesma função de aplicação do Texto Fundamental.

O tema sugere ainda — por derradeiro — a especificação de quem sejam os destinatários da deliberação externa. Os demais operadores de jurisdição constitucional se apresentam como evidentes alvos da deliberação externa; e destacam ainda Ferejohn e Pasquino (2009, p. 60) que a aplicação dos parâmetros fixados pela Corte admite ainda a possibilidade do surgimento de novas questões constitucionais, donde a conclusão de que, em última análise, dialogue a Corte, nessas hipóteses, com todo o mundo externo a ela (2010), da mesma forma que é esse o universo dos alcançados pelo texto constitucional que se interpreta.

Ampliado, de outro lado, o leque de interlocutores na construção de sentido pelo recurso às *many minds*, serão também esses participantes do diálogo especiais destinatários do resultado deliberativo — na medida em que a eles se punha a potencialidade das interferências recíprocas no convencimento. É a inclusão dos múltiplos interlocutores no processo de cunhagem da decisão judicial como destinatários do produto dela que efetivamente caracterizará o caráter deliberativo daquele procedimento, e por via de consequência o seu vezo democrático.

Essa cogitação estará por sua vez a suscitar qual seja a forma de se reconhecer, na decisão judicial cunhada pelo concurso de *many minds*, o caráter de especiais destinatários externos da deliberação àqueles que se envolveram no exercício dialógico proposto pela Corte. Traduzida a problemática para a realidade brasileira, aquilo de que se cogita é saber se a realização da audiência pública determina para a Corte um especial ônus argumentativo que compreenda, quando menos, a consideração das contribuições, técnicas ou não, trazidas por força da abertura à sociedade na formulação da escolha pública.

4.3 Muitas mentes na realidade brasileira – A prática dialógica desenvolvida pelo STF

Afirmada pela Suprema Corte a valorização do diálogo social como um elemento relevante de fundamentação das decisões, cumpre analisar a sua prática, à luz das premissas técnicas de mapeamento de um processo de aperfeiçoamento da decisão via concurso de *many minds*. Afinal, na lição de Waldron,[217] não basta haver uma explícita reflexão em relação aos arranjos constitucionais; é preciso que essa reflexão seja o resultado do trabalho dos indivíduos cuja sociedade será governada por esses mesmos arranjos.

4.3.1 Diálogo social e audiências públicas – Entre a busca de verdades factuais e verdades morais

Apontada na leitura crítica dos autores americanos acima indicados a inadequação da aplicação da lógica originária do Teorema de Condorcet à busca de elementos outros que não os factuais, objetivos, importa observar qual o tipo de contribuição que efetivamente a Corte

---

[217] WALDRON, 2010, p. 23.

busca alcançar no desenvolvimento do diálogo social por intermédio das já havidas audiências públicas.

O tratamento normativo conferido aos institutos brasileiros de perpetração de diálogo social, examinados no capítulo 2 desta obra oscila, como ali destacado, entre prestigiar a contribuição relacionada à *expertise* e aquela decorrente da representatividade do interventor. Esse mesmo dualismo se verificou na prática das audiências públicas, na qual o critério discricionário do Relator determinou a delimitação dos seus participantes possíveis, ora tendo em conta uma específica *expertise* técnica,[218] ora buscando o olhar daquele que vivencia a temática *sub judice*.[219] Racionalidade, neutralidade, imparcialidade e independência, traços historicamente relacionados à justificação do próprio *judicial review*, ou abertura a identificações das sensibilidades, insatisfações e partidarismos, fenômenos mais próximos à seara da decisão política? O que efetivamente seria de se buscar no desenvolvimento do diálogo social, por intermédio das audiências públicas?

Esse o dualismo que se vê expresso nas alternativas dialógicas com que lida a Suprema Corte brasileira, sem que se possa, numa aproximação inicial, se ter por clarificado se os grandes números — na expressão de Ferejohn (2010) — seduzem ou não a Suprema Corte brasileira, e para que fins.

De outro lado, a constante referência empreendida por seus Ministros, ao *signo legitimador*[220] que as audiências pudessem conferir à decisão judicial em construção, parece indicar uma maior afeição à contribuição que delas possa decorrer na busca de uma "verdade moral" que ali se objetive estabelecer.[221] Isso porque a verdade factual — como realidade objetiva — poderia ser alcançada pelo uso tão somente do

---

[218] O exemplo mais candente da predeterminação dos técnicos como interlocutores preferenciais da Corte foi a já citada ADI nº 3.510, na qual esse recorte especificamente acadêmico guiou inclusive intervenções corretivas desenvolvidas pelo Relator ao longo dos trabalhos.

[219] Nesse extremo oposto, têm-se como ilustração mais candente a já referida admissão à participação na audiência da ADPF nº 186 de alunos de estabelecimentos universitários em que o sistema de cotas vige, de molde a que se pudesse colher a perspectiva daqueles que se viam diretamente envolvidos na realidade em discussão.

[220] Embora não seja esse o objetivo que transparece da normatização dos institutos do direito brasileiro tendentes à prática do diálogo social na jurisdição constitucional — a sinalização parece caminhar no sentido do municiamento de informações puro e simples —; fato é que os Ministros convocantes têm expresso essa compreensão do caráter legitimador das audiências, como se verifica do despacho de convocação na ADI nº 3.510 (v. nota de rodapé nº 127) e em outras intervenções ao longo das demais experiências retratadas no capítulo 3.

[221] Não escapa ao conhecimento dos autores o perigo no uso da expressão "verdade moral", que flerta com a afirmação de que no campo moral possa existir um único ponto de vista.

outro instituto dialógico, a saber, o do *amicus curiae*, que tem merecido, como demonstrado por Medina,[222] crescente ampliação na prática da Corte.

Concorrendo a sociedade para a busca da "verdade moral", tem-se uma profissão de fé na ideia de um direito sempre e permanentemente referenciado à sociedade, como realidade complexa e articulada, que nas suas múltiplas formas estruturais pode produzir direito, como assinalado por Grossi (2006). Assim, nas questões difíceis, recorrer a essa instância primeira e permanente da própria produção do direito resgata-o "da sombra condicionante e moriticadora do poder, e o devolve ao regaço materno da sociedade, convertendo-se desta maneira, em expressão da mesma".[223]

Essa assertiva se tem fortalecido pela afirmação já lançada de que em matéria constitucional mesmo as questões factuais se apresentam como simples premissa para um debate cujo fundo é sempre moral. Nessas hipóteses, por sua vez, a presença de *many minds* — entendida no sentido de um elemento que enriqueça a discussão e tenda a incrementar o seu percentual de acerto — parece se apresentar como útil. O recurso ou não a uma prática de diálogo social mais amplo parece então estar associado na realidade social, ao caráter moral da discussão, segundo um juízo que, já se viu, hoje se tem como discricionário do relator.[224]

Essa alternativa — que permite àquele que preside o processo reconhecer ou descartar o caráter complexo da decisão, e portanto abdicar de uma decisão construída por muitas mentes — parece plenamente consentânea com a realidade apontada por Sunstein (2009a): nenhuma aproximação à interpretação constitucional é mandatória; qualquer *approach* deve ser defendido tendo por referência sua consequências, e não afirmado como parte do que a interpretação requer. Assim, é a percepção do Relator que permitirá identificar a amplitude dos efeitos da prestação jurisdicional em construção, para optar se sua aproximação se dará a partir da sabedoria coletiva já disponível na lei

---

[222] MEDINA, Damares. *Amicus curiae*: amigo da Corte ou amigo da parte?. São Paulo: Saraiva, 2010.

[223] GROSSI, Paolo. *La primera lección de Derecho*. Tradução de Clara Álvarez Alonso. Madrid: Marcial Pons, 2006. p. 25.

[224] Curioso observar uma certa contradição em ternos. A própria concepção de um órgão de atuação judiciária colegiada opera, em alguma medida, com a lógica de *many minds* — não tantas como uma consulta pública, mas certamente mais do que o juiz singular. Nesse sentido, parece paradoxal que num tema dessa envergadura — pertinência ou não da ampliação do universo de participantes de uma decisão constitucional com sensíveis conotações morais — não se sensibilize às vantagens da "crença disseminada", e reste concentrado na mão de um único agente, a saber, o Relator.

e nos precedentes; ou se uma consulta mais direta se apresenta como pertinente na hipótese.[225]

A mesma compreensão, todavia, não socorrerá a afirmação já empreendida pela Corte de que a decisão do Relator seja de natureza irrecorrível. E isso se diz menos em favor de uma recorribilidade a se assinalar àquele interessado que pleiteou a ampliação do debate — e mais em favor da possibilidade do conhecimento *pelo Colegiado da Corte* dos contornos da temática que foi judicializada, e que pode, a sentir de seus integrantes que não o Relator, caracterizar-se pela necessidade da busca da verdade factual ou moral enriquecida pela presença de *many minds*. Não se pode desconhecer que também o pronunciamento jurisdicional do STF se constrói a partir do benefício de visões distintas — e essas merecem a mesma oportunidade de ampliação do seu universo de interlocutores que a competência originalmente reconhecida ao Relator a ele assegura. Nesse sentido, a *recorribilidade* da decisão indeferitória da audiência funciona como um mecanismo de desenvolvimento do controle afirmativo, já mencionado nesta obra. Esse é um ponto em que a prática do STF parece se distanciar do delineamento teórico dos benefícios possíveis da abertura dialógica.

É certo que a afirmação da recorribilidade da decisão que defere ou não a participação em audiências públicas tende a determinar um problema de ordem operacional à vista do número crescente de interessados em intervir, como se verifica no gráfico a seguir:

---

[225] É nesse contexto, possivelmente, que se encontra justificativa para o fato de que as grandes questões de poder — repartição de competência e fenômenos correlatos — não determinam a convocação de audiências públicas, embora envolva, especialmente no ainda recente regime do recurso extraordinário com repercussão geral, o manejo da figura do *amicus curiae*.

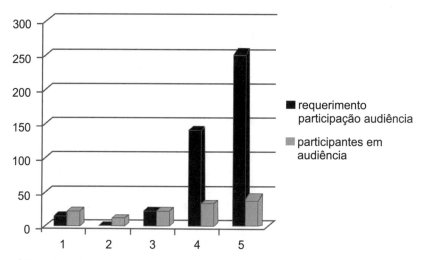

GRÁFICO 1 – Relação requerimentos X deferimentos à participação em audiências públicas

O paradoxo todavia parece residir na afirmação do caráter legitimador do procedimento e, ao mesmo tempo, excluir participantes sem qualquer elemento justificador mais substantivo ou mais relevante que as limitações do tempo. Se o concurso de *many minds* se apresenta relevante — seja pelo potencial técnico de contribuição, seja pela importância de se auscultar uma sensibilidade social —; as dificuldades de ordem operacional hão de se apresentar como desafio, mas nunca como cláusula de bloqueio.

4.3.2 Diálogo social e audiências públicas – Procedimento conhecido como técnica de prevenção das patologias do recuso a many minds

A relevância da questão procedimental, no que toca à realização de audiências públicas, não passou despercebida pela Corte, que traduziu na Emenda Regimental nº 29 o primeiro acervo de conhecimento formado a partir das experiências já havidas. É nesse instrumento normativo que se assinalou o caráter proeminente do Relator na condução de todo o processo — desde a decisão pela convocação, seus termos, seus participantes — procurando construir um delicado equilíbrio entre a construção de um *modus* de trabalho transparente, e a preservação da flexibilidade necessária à adequação de cada audiência, às reais necessidades do caso concreto.

Impende registrar, todavia, que os critérios ali traçados para a construção da audiência pública não externalizam propriamente uma preocupação em neutralizar os riscos decorrentes da ampliação do universo de participantes da uma decisão, noticiados detalhadamente no referencial teórico norte-americano tratado no subitem 4.1 acima. Assim, o mecanismo previsto é de pura e simples agregação de informações verbais e escritas, afastando-se a realidade brasileira, da advertência de Ferejohn[226] em relação à importância da *organização do processo de escolha* sob a perspectiva do enriquecimento informacional.

Ora, os métodos pelos quais as informações de conhecimento técnico ou geral são combinadas, e segundo os quais se induz a participação, podem influir decisivamente no tipo de contribuição que se traz à luz, e na forma pela qual ela será transmitida e utilizada. Significa dizer que o procedimento de realização da coleta de dados por intermédio do diálogo social pode se revelar crucial para a garantia da fidedignidade e representatividade das impressões colhidas. Esse tema, parece, não deveria mais restar sob o juízo discricionário exclusivo do Relator, como resulta do art. 154, parágrafo único, III, RISTF, na medida em que a estruturação de um processo neutro de recolhimento dos elementos cognitivos parece se constituir tarefa não sujeita às particularidades do caso concreto *sub judice*.

Manifestação extrema da impropriedade desse método de trabalho — que não busca qualificar a origem e a diversidade de informações que se venha a agregar ao debate da questão constitucional — está nos próprios termos em que a audiência pública é normalmente convocada, remetendo-se pura e simplesmente para o aporte de informações úteis, sem maior especificação sobre qual seja o foco pretendido pela Corte.[227] O primeiro paradoxo está na própria enunciação regimental, que se de um lado não exige a apresentação de um recorte mais específico em relação ao tema sobre o qual se pretende o concurso de *many minds*; de outro lado junge os participantes a se manifestarem "*...ao tema ou questão em debate...*".[228]

---

[226] FEREJOHN, 2010, p. 1986.

[227] Registre-se como honrosa exceção a esse método pouco sistemático de convocação de colaboradores à construção da decisão judicial, a audiência pública no tema da saúde, onde o próprio instrumento convocatório explicitava os temas que despertavam perplexidades juntos aos Ministros – e sobre o quais portanto, eles pretendiam se ver esclarecidos.

[228] Art. 154, parágrafo único, IV, do RISTF.

Observe-se que a crítica aqui externada diz respeito ao imperativo de ampliação das possibilidades de resultado útil da participação da sociedade numa prática dialógica. Afinal, a convocação à participação num debate, sem que se tenha qualquer outro elemento que não a sua enunciação genérica — "uso de células-tronco embrionárias", "importação de pneus usados" ou "ações afirmativas mediante cotas de vagas em universidades" — apequena as possibilidades do diálogo, seja porque pode não se revestir de especificidade suficiente para despertar o interesse de participação; seja porque não clarifica qual seja o temário específico em relação ao qual o interventor possa efetivamente contribuir com a sua visão pessoal. Agrava o quadro a circunstância dos trabalhos se desenvolverem de forma unilateral, sem oportunidade para debate ou contradita,[229] como narrado no capítulo 3, e preceituado no art. 154, parágrafo único, IV, do RISTF.

De outro lado — também como sinal evidente da ainda baixa elaboração teórica dos mecanismos possíveis para a superação dos problemas relacionados à aquisição, transmissão e agregação das informações — tem-se a ausência de critérios mais claros que possam traduzir a *representatividade*, como elemento justificador da participação de um interlocutor em audiência pública.

Ora, se a convocação de *experts* se relaciona no mais das vezes ao enfrentamento de questões factuais — porque estas sim se têm por mais próximas da objetividade que é característica da técnica; de outro lado o enfrentamento das questões de ordem moral se dá com a convocação daqueles que detenham representatividade em relação a um segmento da sociedade afligido pela interpretação constitucional em discussão. Aqui o elemento em investigação sobre o qual se deseja exercitar o diálogo social não é objetivo; e só o reconhecimento da representatividade dará vez e voz a alguém para se manifestar em tema de repercussão moral. Também aqui o que se tem do ponto de vista regimental é a prerrogativa específica do Relator — art. 154, parágrafo único, III, do RISTF —, sem maiores considerações quanto a seus fundamentos, e menos ainda ao ônus argumentativo correspondente.

Essa é uma matéria que está a merecer uma parametrização, se não em abstrato, ao menos em concreto, que seja aplicada por ocasião

---

[229] É de Barber a advertência de que outra patologia que pode contaminar o processo de deliberação coletiva é a má compreensão por parte dos participantes, de qual seja a questão a eles endereçada (BARBER, 2010, p. 816). Se assim é, a vagueza dos termos em que as convocações se têm verificado no campo das audiências públicas apequena a real possibilidade de qualificação da decisão pela prática do diálogo social.

da decisão que (in)admite sua participação, e que possa ser controlável, quando menos por seus próprios pares, que podem identificar naquele pretenso participante um interlocutor útil no enfrentamento de um *hard case*. Uma vez mais, a irrecorribilidade parece militar contra o pensamento de *many minds*, quando menos dentro do próprio Colegiado, o que se revela uma contradição em seus próprios termos.

4.3.3 Diálogo social e audiências públicas – Oportunidade para o mapeamento do dissenso

Outra questão que parece merecer um melhor equacionamento é a fixação externada pela Corte à ótica ainda de *"...defensores e opositores..."* da tese em discussão, externada no art. 154, parágrafo único, II, RISTF. Uma vez mais, a lógica binária está a sugerir uma tese central, que se repute certa ou errada e, portanto, uma convocação a que os participantes se posicionem num ou noutro extremo.

Um primeiro tema que essa formulação está a sugerir, é compreender qual a função — sob o prisma do aprimoramento da construção da decisão judicial — desse exercício dialógico. Já se viu que a indicação preceitual é a de que ele possa contribuir para o municiamento da Corte, de elementos técnicos relevantes ao enfrentamento da temática. Isso, todavia —, já se teve oportunidade de sustentar nessa obra — se poderia igualmente alcançar com os vetustos instrumentos da lei processual, a saber, a produção de prova técnica, pelas partes ou por auxiliares do juízo.

A abertura à participação, concretizada na audiência pública, parece estar a indicar outra função, que aqui se vai denominar o mapeamento do dissenso.

O tema é de complexidade — esse é um pressuposto da audiência —, seja pela sua própria natureza, seja pelos efeitos que ele determinou na sociedade que é destinatária do regramento posto em xeque pelo exercício do controle de constitucionalidade. Cumpre, portanto, identificar quais sejam os termos do dissenso — que pode envolver posições múltiplas, que não só aquela dual retratada na Emenda Regimental nº 29/09. Uma vez mais, é de Sunstein (2003) a explicitação da importância do dissenso na construção do convívio social. *In casu*, o dissenso já se apresenta como condição prévia à oportunidade de funcionamento da Corte, à vista do princípio da inércia que rege a jurisdição no sistema pátrio, mesmo aquela que tem por objeto a Constituição. Disso não decorre, todavia, que o dissenso seja conhecido em seus verdadeiros termos e extensão.

É da natureza do processo objetivo que ele não se tenha associado a interesses das partes, mas que se dedique à análise em abstrato de uma temática cuja repercussão se dá de forma disseminada na coletividade. Disso decorre uma não vinculatividade conhecida da atuação da Corte, aos termos em que a demanda se pôs — a constitucionalidade pode ser examinada a partir de perspectivas absolutamente distintas daquelas que se tenha suscitado, não só porque *jura novit curiae*, mas também porque o feito de controle abstrato é de natureza objetiva.

Se assim é, particularmente nos temas de grande complexidade, conhecer o dissenso em sua verdadeira extensão — quais os alcançados pela norma controlada, quais as repercussões possíveis da decisão, quais os distintos pontos de vista em relação à estrutura normativa inquinada inconstitucional — ; tudo isso parece se constituir condição necessária à construção de uma decisão judicial adequada, e portanto legítima. Nesses termos que se destaca a importância do mapeamento do dissenso especialmente em sede de audiência pública — o que importará no abandono do critério de opositores e favoráveis, que parte do pressuposto de um conhecimento prévio, se não de uma simplificação dos termos do dissenso.

Parece, portanto, mais adequada a orientação que já se identificou na audiência pública da saúde e naquela vinculada à ADPF nº 186, que aponta temas em relações aos quais pretenda a Corte se ver esclarecida — sem uma pretensão de que visão binária da controvérsia. Da mesma forma, mapear o dissenso parece caminhar no sentido de uma prática que permita — se não o debate estruturado tendo lugar na própria audiência —; quando menos a referência pelos participantes, às opiniões e dados trazidos pelos demais.

Tenha-se ainda em conta que a manifestação da Suprema Corte, em sede de *judicial review*, tende à enunciação de uma norma, com efeitos vinculantes — como é próprio à jurisdição constitucional em abstrato —; donde a importância da identificação das *suprarreferidas* verdades factuais e morais. Nesse último segmento, preciosa é a observação de Grossi (2006, p. 32) de que o direito em si nasce antes da regra, porque já existe na sociedade com capacidade auto-ordenadora. Essa mesma ordenação da conduta — traço inerente ao direito, que se terá enunciado na decisão judicial em *judicial review* — reclama construção supraindividual, que tenha base na totalidade e complexidade do organismo social, na constância de uma tradição, na repetição e tipicidade das ações humanas. O mapeamento do dissenso de que se cogita estará a dissecar, para fins da atividade de enunciação do direito a ser desempenhado pela Suprema Corte, os termos dessa construção supraindividual, assegurando um mínimo de compatibilidade entre o que se cogite na dimensão social, e a expressão ordenadora que se emitirá do aparato estatal, o judiciário.

Uma outra abordagem parece estar a recomendar uma visão em relação às posições que se possam externar na audiência, que opere a partir de uma matriz plural, e não do dualismo já apontado. Isso porque, se de um lado essa estrutura de organização do debate público parece estar a indicar uma garantia de vocalização em favor de opiniões que nem sempre consigam se fazer ouvir — ainda na mais estrita consonância com a lógica contramajoritária, seja ela na perspectiva da maioria sociológica inalcançável, seja na visão da *lawmaking majority* —, de outro lado ela pode ser defendida a partir de uma perspectiva de prevenção à polarização no debate.

É de Sunstein[230] a advertência dos riscos de adoção de posições mais extremadas (tendo por referência a posição inicial dos membros do próprio universo de decisão), quando "uma tendência inicial dos membros individuais de um grupo num determinado sentido é potencializada pela discussão nesse mesmo grupo". Disso resulta dois distintos efeitos no que toca à deliberação em construção: ela "...tende a ver decrescer a variação entre os membros do grupo, à medida em que as diferenças individuais diminuem, e também a produzir convergência num ponto relativamente mais extremo entre as posições prévias à deliberação".

Visível a importância — em temas nos quais o dissenso no que toca ao sentido constitucional revela-se ainda profundo — de se construir uma prática deliberativa que possa prevenir uma decisão extremada, pautada não por critérios racionais de persuasão, mas pelos efeitos sociológicos da congregação de "pessoas iguais". O que parece estar a merecer uma maior reflexão é avaliar se a polarização se tem por efetivamente prevenida pelo critério binário de participação no debate.

Ocorre que, na lição de Barber,[231] sob um ponto de vista estritamente prático, a seleção de opções — em relação às quais se possam apresentar defensores e opositores — é difícil porque, para que o próprio exercício de diálogo tenha em si um propósito, a resposta certa é de ser desconhecida nesse momento.

Em verdade, os mecanismos hoje previstos para a realização das audiências públicas — e portanto para a agregação de informações,

---

[230] SUNSTEIN, 2001, p. 22.
[231] BARBER, 2010, p. 815.

sejam elas de que natureza for — parecem muito mais orientados a uma lógica próxima do Teorema de Condorcet, em que mais é mais[232] e as alternativas de decisão são tidas como objetivas e binárias.[233] Isso transforma, todavia, o instituto, não em canal para o desenvolvimento efetivo do diálogo social — em toda a sua riqueza —, mas numa oportunidade para a criação de uma espécie de representação pacificadora de uma prática que pode estar (ainda que inconscientemente) orientada à chancela de uma visão do problema já predefinida; e o que é pior, predefinida nem mesmo pela Corte como um todo, mas exclusivamente pelo Relator, que na sua condução de presidente da diligência, tem ainda suas decisões blindadas pelo signo da irrecorribilidade, como já referido, excluindo portanto a cunhagem do diálogo social do âmbito de decisão do colegiado como um todo.

4.3.4 Diálogo social e audiências públicas – O silêncio como resposta e o afastamento das expectativas deliberativas

Derradeira observação a se empreender a partir da prática desenvolvida pela Suprema Corte na aplicação do instituto das audiências públicas diz respeito à sua dissociação da expectativa deliberativa, ainda que num modelo orientado à deliberação externa.

Já se verificou no subitem 4.2 acima que a deliberação e a fundamentação racional podem se apresentar como uma substituição de uma forma mais direta de legitimidade democrática (FEREJOHN; PASQUINO, 2009, p. 49); e que esse processo decisório, em órgãos caracterizados pelo exercício de competência difusa de controle de constitucionalidade, tende a se dar na modalidade deliberação externa, posto que orientado ao convencimento de atores outros, que não os integrantes da própria Corte que decide.

Disso decorre que os destinatários da atividade de persuasão racional compreendem não só aqueles diretamente participantes da decisão judicial, mas todos aqueles que lhe possam dar aplicação, ou

---

[232] O volume crescente de participantes nas audiências públicas parece indicar essa capitulação à lógica dos grandes números.

[233] A dualidade de posições está sempre demarcada nas audiências públicas, como se verifica da leitura do capítulo 3 acima, seja com a oferta imediata de contradita — a um participante "favorável" segue-se a manifestação de um "contrário" —, seja com a própria habilitação a participar, que pressupõe seja declinado de início uma posição de anuência ou divergência em relação à tese principal.

sofrer os efeitos dela, eventualmente retematizando o antes decidido em novos problemas de interpretação constitucional, que uma vez mais chegariam à Corte, num exercício permanente de aceitamento do sentido do Texto Fundamental.[234]

Se o processo deliberativo, de outro lado, se dá a partir do reconhecimento da necessidade específica de uma ampliação dos atores que subsidiam a formação do convencimento — e já se viu nos subitens anteriores que essa é uma escolha que cumprirá ao Relator desenvolver, observado um especial ônus argumentativo —, não se pode desconhecer que a deliberação externa passa a contar com destinatários especiais do caráter persuasivo dos argumentos, a saber aqueles que originalmente foram convocados a contribuir com o exercício argumentativo.

Observe-se que no modelo ordinário de controle abstrato de constitucionalidade a argumentação se dará a partir das teses suscitadas na inicial — ou ainda de outras razões que venham a ser suscitadas pelos membros da própria Corte, dado o caráter abstrato da ação. Significa dizer que são esses os elementos de razoamento que deverão ser alcançados pela pronúncia judicial.

De outro lado, o convite à participação em sede de diálogo social está a indicar — e esse é o pressuposto em si da convocação da audiência pública, como demonstrado no capítulo 2 acima — que os elementos já existentes nos autos ou conhecidos pela Corte se revelam insuficientes à construção da decisão. O convite à participação em audiência pública não se dá, portanto, por outra razão que não para o aporte de novas perspectivas ao problema que suscita a arguição de inconstitucionalidade, originários de outras fontes que não o processo, ou o conhecimento específico que é próprio do órgão jurisdicional.

Se esses elementos — faltantes na propositura original da ação — se revelam de tal forma importantes que determinam a abertura dialógica; resta evidenciado o signo de relevância das contribuições que se venha a apresentar. Disso decorre não — evidentemente — um dever de vinculação ou subordinação da Corte ao que venha a ser trazido por força do diálogo social, mas certamente o *dever de considerar essas contribuições*, para incorporá-las ou descartá-las. É nesse sentido que se afirma que os participantes do diálogo social se apresentam

---

[234] Também nesse sentido se usa a expressão diálogos, nas suas diversas teorias — sejam aquelas que preconizam o diálogo institucional, sejam as voltadas ao diálogo social. Afinal, o esclarecimento do sentido constitucional se faria mediante um círculo virtuoso de pronúncia jurisdicional, aplicação de suas conclusões no âmbito social, nova problematização e nova pronúncia.

como destinatários especiais da deliberação externa — a eles é de ser oferecida resposta que evidencie a abertura da Corte à persuasão, e o sucesso ou insucesso do argumento, oportunizando, nessa última hipótese, o exercício agora do órgão jurisdicional de convencimento daquele participante do diálogo.

Disso decorre que, para se reconhecer o efetivo desenvolvimento de uma deliberação, enriquecida pela oportunidade ao diálogo social, a decisão há de refletir a consideração desse exercício no seu razoamento — sem o que a audiência pública se afigura como evento simbólico, e não como uma atividade efetivamente destinada à prática dialógica e ao robustecimento da deliberação pública.

Do universo de demandas em que se verificou a audiência pública, só alcançaram decisão a ADI nº 3.510 e a ADPF nº 101 — as demais encontram-se ainda em fase de julgamento. A audiência da saúde, por sua vez, convocada sem a incidência numa demanda específica, não conta como um acórdão — o que compromete igualmente a análise da observância desse especial ônus argumentativo pela Corte. Todavia, observada a perspectiva proposta para a presente obra — de contribuir para o enriquecimento do processo de formatação dos mecanismos de diálogo social desenvolvidos pela Corte, especialmente o das audiências públicas —, não se pode deixar de apontar um vácuo no que toca à reflexão sobre os ônus que possam decorrer da ampliação do debate na forma que se vem analisando.

CONCLUSÃO

Encerrado o quadro teórico-investigativo proposto à presente obra, a saber, a prática do diálogo social pelo Supremo Tribunal Federal e seu potencial de legitimação do sistema brasileiro de *judicial review*, é possível afirmar o acerto na aplicação analítica e metodológica da teoria constitucional americana contemporânea para a compreensão da dinâmica institucional desse espaço de decisão judicial.

As atuais circunstâncias político-históricas evidenciam que o debate brasileiro da efetividade constitucional reforça e adensa mais as características próprias do *judicial review* americano, a saber, um sistema de controle de constitucionalidade que, modelado por uma *práxis* nos Estados Unidos, acabou por tipificar concepções como as de "supremacia do Judiciário" ou de uma perspectiva "contramajoritária".

Tal afirmação — que contém implícito o reconhecimento do aprofundamento do perfil político da Corte Maior nas decisões proferidas em sede de *judicial review* — pode parecer contraditória e paradoxal com o propalado sistema híbrido de controle de constitucionalidade adotado pela Constituição Federal de 1988. De concreto, a norma constitucional, no seu art. 102, deu continuidade à tradição republicana brasileira de que cabe ao Poder Judiciário, de forma precípua, a guarda da Constituição. No entanto, mesmo mantendo os mecanismos de controle na modalidade difusa, houve uma opção clara do constituinte de 1987/1988 pelo adensamento do modelo concentrado, consagrando suas inúmeras modalidades de via de ação. Ao longo desses vinte e três anos de vigência da Carta Constitucional de 1988, essa tendência inicial se viu reforçada pela prática da jurisdição constitucional pela Corte, a partir de um ideal de uniformização da compreensão do sentido da Lei Fundamental, e de preservação de segurança jurídica. Corrobora ainda essa afirmação, as consequências institucionais da Emenda Constitucional nº 45/04 — igualmente sintonizada com esse ideário de homogeneização e vinculatividade —, a partir da qual se tem por normatizada a afinidade da Corte com a prevalência de sistema europeu da jurisdição constitucional, ao menos no que toca à preferência pela modalidade concentrada.

A opção metodológica dessa obra de buscar fundamentação num exercício comparativo com o debate presente na teoria constitucional americana indica a importância de uma revisão da compreensão doutrinária sobre o sistema brasileiro de controle de constitucionalidade, que ainda tem como pressuposto a afirmação de que a adoção de um modelo kelseniano de *judicial review* implicaria numa neutralidade política da Corte, a partir da velha referência à sua função, nesses casos, de legislador negativo.[235]

No cenário brasileiro, a forma de indicação da composição do Supremo Tribunal Federal, a natureza vitalícia do cargo, tudo isso conjugado à própria força do modelo concentrado — que coexiste com o difuso, mas numa trajetória de franca expansão com o alargamento das atribuições jurisdicionais da Corte (VALLE, 2009) — evidenciam uma presença da variável política identificada com a força do *judicial review* americano;[236] e essa é de ser uma premissa importante para uma revisão/ atualização realista da compreensão teórica em terra *brasilis*, de nosso sistema de controle de constitucionalidade. Nesse sentido, igualmente, a preocupação externada no capítulo 1, na desconstrução da tese da neutralidade técnica, fundada numa blindagem institucional orientada à independência. O que ali se demonstrou é que a circunscrição das possibilidades de reação institucional dos demais braços estruturados de poder — seja no modelo estadunidense, seja no brasileiro — não implica no caráter apolítico, nem da Corte, nem da função que nela se desenvolve.

---

[235] Evidenciando o equívoco dessa compreensão comum na doutrina brasileira — quando menos porque a pronúncia de inconstitucionalidade com efeitos *ex tunc* implica em admitir algo que nem ao legislador seria dado fazer, a saber, desconstituir a norma vigente e seus reflexos desde a origem — consulte-se Valle (2007, p. 230-232).

[236] É interessante que o início de 2011 foi marcado pelo debate a respeito de mudança constitucional no sentido de atribuir ao Supremo Tribunal Federal uma modalidade preventiva. Numa primeira leitura, seguindo os parâmetros do sistema de controle de constitucionalidade francês, estaria, assim, aprofundando o processo concentrado. Na verdade, uma possível adoção do controle preventivo reforçaria mais um alinhamento de ativismo judicial próprio mais da contextualização político-institucional do "judicial review". Veja a respeito desse debate Lênio Luiz Streck e Martônio Mont'Alverne Barreto Lima (*Controle preventivo e juristocracia*: a Constituição não prevê controle de constitucionalidade preventivo. Disponível em: <http://www.supremoemdebateblogspot.com>. Acesso em: 29 jan. 2011).

CONCLUSÃO | 125

O capítulo 2 da obra teve o condão de apontar, de forma exaustiva, como o universo normativo contemplado nas Leis nº 9.868/99, nº 9.882/99 e nº 12.018/10, articulado ainda com as mudanças operadas no Regimento Interno do STF pela Emenda nº 29/09, pode abrir o processo decisório daquela Corte a outros intérpretes da Constituição, quer por meio do instituto do *amicus curiae*, quer pelo espaço discursivo das audiências públicas. Ficou demonstrado nesse referido capítulo a fragilidade e a dificuldade dessa abertura para a sociedade por parte do Supremo Tribunal Federal, seja à conta da ambiguidade do tratamento preceitual, seja a partir de um ainda pouco amadurecimento teórico de qual seja o papel que se pretenda reservar a cada qual desses instrumentos orientados supostamente ao incremento do diálogo social no curso do processo de construção da decisão. O quadro preceitual elencado e minuciosamente estudado no citado capítulo conduz, como consequência natural, à afirmação da impossibilidade de se fundamentar a presença de *experts* ou leigos no processo decisório do Supremo Tribunal Federal a partir tão somente de meros critérios normativos.[237]

Em realidade, o lastreamento da compreensão da abertura do sistema do *judicial review* americano para a sociedade foi marcado tradicionalmente por uma direção interpretativa da Constituição. A força da interpretação da Constituição, por seus aspectos neutrais, ou pelo seu caráter de "fidelidade" ao texto constitucional, ou, por fim, a preservação de trunfos liberais e morais, daria uma larga margem de legitimidade política para as decisões da Corte Suprema — e nesse sentido, a abertura dialógica corrobora o "acerto" da decisão. Na leitura da obra, percebe-se que esse modelo de legitimação se esgotou a partir de Roe *vs.* Wade em 1973, reabrindo-se o debate em torno das condições de legitimação da decisão, já que uma nova relevância do aspecto político se fez clara.

A partir da abertura normativa dada para a sociedade no bojo da *judicial review*, cometida ao Supremo Tribunal Federal, examinada no capítulo 2 da obra, tem-se a afirmação da existência no sistema brasileiro de uma dimensão do possível diálogo social, diferenciada em relação ao modelo norte-americano, na medida em que se daria ao

---

[237] Se seguir um entendimento da postura institucional do Supremo Tribunal Federal no modelo kelseniano de controle de constitucionalidade como é defendida pelo Ministro Gilmar Ferreira Mendes, orientado pelo seu próprio pensamento, a justificativa de sua atuação com abertura para a sociedade poderia estar enquadrada na representação argumentativa. Aliás, o capítulo 3, ao examinar, de forma exaustiva, as cinco audiências públicas promovidas pela Corte Maior pode abrir margem para essa fundamentação (ALEXY, 2007).

longo do processo de construção da decisão, e não como efeito dela. Há uma questão que se vê provocada por essa análise e conclusão inicial: é possível identificar, nos instrumentos acima referidos, a mesma característica de externalidade na deliberação, direcionando-a a uma prática dialógica efetiva com a sociedade?

Nesse contexto, em que pese a indicação da presença normativa densa como fonte desse diálogo social,[238] o que a análise de cada qual das audiências públicas evidencia é uma diversidade de práticas e orientação de trabalhos, decorrente do papel predominante — e incensurável — do Ministro Relator, que parece incompatível com um ideal de diálogo, quando menos daquele orientado à deliberação. De outro lado, é de se ver com olhos favoráveis esse experimentalismo — que revela uma preocupação da Corte em identificar qual seja o caminho mais adequado para o desenvolvimento de diálogo social.

Conhecer a realidade da aplicação, ainda modesta do instituto das audiências públicas, não se revelaria tão útil se não se aprofundasse uma reflexão relacionada à efetiva potencialidade de contribuição para o aprimoramento da decisão de uma prática de diálogo social inserida no curso da sua formação. Outra vez a teoria constitucional americana serve de sustentação para encontrar uma resposta a esse questionamento, e nesse tema recorre-se aos teóricos Adrian Vermeule e Cass Sunstein em suas avaliações quanto ao potencial de incremento na qualidade da decisão a partir de uma perspectiva cunhada por *many minds*. O que se verifica é que o concurso das crenças disseminadas não se revelará sempre, e por si só, um valor — o que tematiza, por sua vez, quais devam ser as cautelas que se possa desenvolver de forma que a ampliação do universo de interlocutores não importe em prejuízo à qualidade da decisão. Registre-se, também, em termos conclusivos, que as condições normativas e práticas do diálogo social no Supremo Tribunal Federal apresenta certa especificidade. Tal quadro delineado na análise das dinâmicas das audiências públicas (capítulo 3) projetam-se além da dicotomia pretendida nesta obra de seu caráter informativo ou legitimador. O último capítulo apontou que as audiências públicas resultantes representam, na verdade, um possível mapeamento do dissenso, isto é, diante da figura centralizadora do relator consagrado normativamente abre-se mais espaço nessa forma de diálogo social

---

[238] Nos Estados Unidos, acentua-se nessa conclusão para o fato de que a abertura para a sociedade por meio do instituto do *amicus curiae* está reduzida, forma sintética, à seção 37 do Regimento Interno da Corte Suprema.

CONCLUSÃO | 127

na Corte maior para convalidar visões já preconcebidas da própria relatoria.

A obra foi, desse modo, bem-sucedida ao apontar para a ponderação de que o sistema de controle de constitucionalidade híbrido no Brasil traduz no seu perfil político-institucional uma dimensão natural do *judicial review* americano ativista. A adoção de um modelo analítico-metodológico majoritário de diálogo social, destacando a fragilidade dos resultados alcançados por parte de seus participantes, que se encontra diante de uma limitação de seus possíveis objetivos democratizantes. Pois, conforme ficou demonstrado, em especial nos capítulos 3 e 4, corre-se o risco de estar fortalecendo mais uma funcionalidade ativista jurisdicional, decorrente do desenho institucional delineado para a liderança do relator.

Por consequência, o propósito original da obra de buscar as alternativas para o ativismo esboçado no Supremo Tribunal Federal pela presença do diálogo social em determinadas questões demonstrou limites institucionais evidentes. Entretanto, de forma propositiva, mesmo reconhecendo a fragilidade democrática das audiências públicas decorrentes de um modelo normativo contraditório, é inexorável a abertura para a sociedade. Nesse desenho institucional do *Judicial Review* brasileiro com enorme complexidade defrontando, como foi já apontado, uma sociedade multifacetada, não há dúvida quanto ao resultado desse embate político-social — as audiências públicas como expressão de diálogo social prevalecerão sim na sua dinâmica tanto de informação quanto na sua função essencial legitimadora.

REFERÊNCIAS

ALEXY, Robert. *Constitucionalismo discursivo*. 2. ed. Tradução de Luís Afonso Heck. Porto Alegre: Livraria do Advogado, 2007.

ALMEIDA, Cecília *et al*. *Diálogos institucionais e ativismo*. Curitiba: Juruá, 2010.

ARANTES, Rogério Bastos; COUTO, Cláudio Gonçalves. Construção democrática e modelos de Constituição. *Dados*, Rio de Janeiro, v. 53, n. 3, 2010. Disponível em: <http://www.scielo.br/scielo.php?script=sci_arttext&pid=S0011-52582010000300002&lng=en&nrm=iso>. Acesso em: 26 jan. 2011.

BARBER, N. W. Two meditations on the thoughts of many minds. *Texas Law Review*, v. 88:807, p. 807-832, 2010.

BARNUM, David G. The Supreme Court and public opinion: judicial decision making in the post-new deal period. *Journal of Politics*, v. 47, p. 652-666, 1985.

BARROSO, Luís Roberto. Constituição, democracia e supremacia judicial: direito e política no Brasil contemporâneo. Disponível em: <http://www.lrbarroso.com.br/pt/noticias/constituicao_democracia_e_supremacia_judicial_11032010.pdf>. Acesso em: 10 jan. 2011.

BATEUP, Christine. Expanding the Conversation: American and Canadian Experiences of Constitutional Dialogue in Comparative Perspective. *Temple International and Comparative Law Journal*, Spring 2007; *New York University Law School, Public Law Research Paper*, n. 06-37. Disponível em: SSRN: <http://ssrn.com/abstract=947867>. Acesso em: 02 jun. 2010.

BATEUP, Christine. The Dialogic Promise: Assessing the Normative Potential of Theories of Constitutional Dialogue. *Brooklyn Law Review*, v. 71, 2006; *NYU Law School, Public Law Research Paper*, n. 05-24.

BICKEL, Alexander. *The Least Dangerous Branch*: The Supreme Court at the Bar of Politics. 2nd ed. New Haven and London: Yale University Press, 1986.

BIGONHA, Antonio Carlos Alpino; MOREIRA, Luiz (Org.). *Limites do controle de constitucionalidade*. Rio de Janeiro: Lumen Juris, 2009.

BINENBOJM, Gustavo. A dimensão do *amicus curiae* no processo constitucional brasileiro: requisitos, poderes processuais a aplicabilidade no âmbito estadual. *Revista Eletrônica de Direito do Estado*, Salvador, n. 1, jan. 2004. Disponível em: <http://www.direitodoestado.com/revista/REDE-1-JANEIRO-2005-GUSTAVO%20BINENBOJM.pdf>. Acesso em: 18 maio 2010.

BITTENCOURT, Lucio. *Controle de constitucionalidade*. 2. ed. Brasília: Ministério da Justiça, 1999. (Coleção Arquivos).

BRASIL. Resolução nº 17, de 1989. Regimento Interno da Câmara dos Deputados. Aprova o Regimento Interno da Câmara dos Deputados. Centro de Documentação e Informação. Disponível em: <http://www2.camara.gov.br/atividade-legislativa/legislacao/Constituicoes_Brasileiras/regimento-interno-da-camara-dos-deputados/regimento-interno-da-camara-dos-deputados/RICD%20Resolucao%2010-2009.pdf>. Acesso em: 03 abr. 2011.

BRASIL. Supremo Tribunal Federal – STF. Regimento Interno: [atualizado até dezembro de 2010]. Disponível em: <http://www.stf.jus.br/arquivo/cms/legislacaoRegimentoInterno/anexo/RISTF_Dezembro_2010.pdf>. Acesso em: 03 abr. 2011.

BUENO FILHO, Edgard Silveira. *Amicus curiae*: a democratização do debate nos processos de controle de constitucionalidade. *Revista Diálogo Jurídico*, Salvador, n. 14, jun./ago. 2002. Disponível em: <http://www.direitopublico.com.br/pdf_14/DIALOGO-JURIDICO-14-JUNHO-AGOSTO-2002-EDGARD-SILVEIRA-BUENO-FILHO.pdf>. Acesso em: 08 maio 2010.

CALDEIRA, Gregory A.; WRIGHT, John R. Organized interests and agenda-setting in the US. Supreme Court. *American Political Science Review*, v. 82, p. 1109-1128, 1988.

CAROLAN, Eoin. *The new separation of powers*: A theory for the modern state. Oxford: Oxford University Press, 2009.

CARVALHO, Flavia Martins; VIEIRA, José Ribas; RÉ, Monica Campos de. As teorias dialógicas e a democracia deliberativa diante da representação argumentativa do Supremo Tribunal Federal. *Revista Internacional de Direito e Cidadania*, n. 5, p. 81-92, out. 2009.

CLAYTON, Cornell W. The supply and demand sides of judicial policy-making: or, why be so positive about the judicialization of politics?. *Law and Contemporany Problems*, v. 65, p. 69-85, 2002.

DAHL, Robert A. Decision-making in a democracy: the Supreme Court as a national policy-maker. *Journal of Public Law*, 6, 279, 1957.

DIEZ PICAZO, Luiz Maria. Notas de derecho comparado sobre la independencia judicial. *Revista Española de Derecho Constitucional*, v. 34, p. 19-34, 1992.

DISCURSO proferido pelo Ministro Celso de Mello, em nome do Supremo Tribunal Federal, na solenidade de posse do Ministro Gilmar Mendes, na presidência da Suprema Corte do Brasil, em 23 abr. 2008. Disponível em: <http://www.stf.jus.br/arquivo/cms/noticiaNoticiaStf/anexo/discursoCMposseGM.pdf>. Acesso em: 16 jan. 2011.

DIXON, Rosalind. Creating dialogue about socioeconomic rights: strong-form versus weak-form judicial review revisited. *International Journal of Constitutional Law*, v. 5, n. 3, p. 391-418, 2007.

DONNELLY, Tom. Popular constitutionalism, civic education and the stories we tell our children. *The Yale Law Journal*, v. 118, n. 5, p. 948-1001, 2009.

ELY, John Hart. *Democracy and Distrust*: a Theory of Judicial Review. Cambridge: Havard University, 1980.

EPSTEIN, Lee; KNIGHT, Jack. Mapping out the strategic terrain: the informational role of *amici curiae*. *In*: CLAYTON, Cornell W.; GILLMAN, Howard. *Supreme Court decision-making*: new institutionalist approaches. Chicago: University of Chicago Press, 1999. p. 215-235.

REFERÊNCIAS | 131

EPSTEIN, Lee; KNIGHT, Jack. Walter F. Murphy: the interactive nature of judicial decision making. *In*: MAVEETY, Nancy. *The pionners of judicial behavior*. Michigan: University of Michigan Press, 2006.

FALLON JR., Richard H. The Core of Uneasy Case for Judicial Review. *Harvard Law Reeview*, v. 121, n. 7, p. 1693-1736, May 2008.

FEREJOHN, John. Independent judges, dependent Judiciary: explaining judicial independence. *Southern California Law Review*, v. 72, n. 2, p. 355-384, 1999.

FEREJOHN, John. The lure of large numbers. *Harvard Law Review*, v. 123, n. 8, p. 1969-1997, June 2010.

FEREJOHN, John; PASQUINO, Pasquale. Tribunais constitucionais como instituições deliberativas. Tradução de Julia Sichieri Moura. *In*: BIGONHA, Antonio Carlos Alpino; MOREIRA, Luiz (Org.). *Limites do controle de constitucionalidade*. Rio de Janeiro: Lumen Juris, 2009.

FRIEDMAN, Barry. Mediated popular constitutionalism. *Michigan Law Review*, v. 101, n. 8, p. 2596-2636, Aug. 2003.

FRIEDMAN, Barry. The history of countermajoritarian difficulty, part four: law's politics. *University of Pennsylvania Law Review*, v. 148, n. 4, p. 971-1050, Apr. 2000.

FRIEDMAN, Barry. The importance of being positive: the nature and function of judicial review. *University of Cincinnati Law Review*, v. 72, p. 1257-1303, 2004.

FRIEDMAN, Barry. The politics of judicial review. *Texas Law Review*, v. 84, n. 2, p. 257-337, Dec. 2005.

FRIEDMAN, Barry. *The will of the people*: how public opinion has influenced the supreme court and shaped the meaning of the constitution. New York: Farrar, Straus and Giroux, 2009.

GARCÍA DE ENTERRÍA, Eduardo. *La constitución como norma y el Tribunal Constitucional*. 3. ed. Madrid: Civitas, 2001.

GARGARELLA, Roberto. *La Justicia frente al gobierno*: sobre el carácter contramayoritario del poder judicial. Barcelona: Ediciones Ariel, 1996.

GRABER, Mark A. The nonmajoritarian difficulty: legislative deference to the Judiciary. *Studies in American Politcal Development*, v. 7, p. 35-73, Spring 1993.

GRIFFIN, Stephen. The Age of Marbury: Judicial Review in a Democracy of Rights. *Tulane Law School Working Paper*, n. 2003-01, Sept. 03 2003. Disponível em: <http://ssrn.com/abstract=441240>. Acesso em: 15 fev. 2011.

GROSSI, Paolo. *La primera lección de Derecho*. Tradução de Clara Álvarez Alonso. Madrid-Barcelona: Marcial Pons, 2006.

HÄBERLE, Peter. *Estado constitucional cooperativo*. Tradução de Marcos Augusto Maliska e Elisete Antoniuk. Renovar: Rio de Janeiro, 2007.

HÄBERLE, Peter. *Hermenêutica constitucional*. Tradução de Gilmar Ferreira Mendes. Porto Alegre. Sergio Antonio Fabris, 1997.

HIRSCHL, Ran. The Judicialization of Mega-Politics and the Rise of Political Courts. *Annual Review of Political Science*, v. 11, n. 1, 2008.

HOLMES, Stephen. *Passion & constraint*: On the theory of liberal democracy. Chicago; London: The University of Chicago Press, 1995.

INGRAM, James D. *Who is "The People"*?: On the impossible subject of democracy. Texto disponibilizado pelo autor por ocasião de sua visita à PUC-RIO no ano de 2010.

KÄGI, Werner. *La Constitución como ordenamiento jurídico fundamental del Estado*: investigaciones sobre las tendencias desarrolladas en el moderno Derecho Constitucional. Madrid: Dickyson Constitucional, 2005.

KRAMER, Larry D. Democracia deliberativa e Constitucionalismo popular: James Madison e o "interesse do homem". Tradução de Adauto Villela. *In*: BIGONHA, Antonio Carlos Alpino; MOREIRA, Luiz (Org.). *Limites do controle de constitucionalidade*. Rio de Janeiro: Lumen Juris, 2009. p. 85-147.

KRAMER, Larry D. *The people themselves*: popular constitutionalism and judicial review. New York: Oxford University Press, 2004.

LAGE, Lívia Regina Savergnini Bissou. O novo papel do Judiciário e a teoria da separação dos poderes: judicialização de direitos?. *Revista de Processo – REPRO*, n. 184, p. 163-194.

LEAL, Mônia Clarissa Hennig. Ativismo judicial e participação democrática: a audiência pública como espécie de *amicus curiae* e de abertura da jurisdição constitucional: a experiência do Supremo Tribunal Federal brasileiro na audiência pública da saúde. *In*: LEAL, Rogério Gesta (Org.). *Ativismo judicial e déficits democráticos*: algumas experiências latino-americanas e européias. Rio de Janeiro: Lumen Juris, 2011.

LEAL, Mônia Clarissa Hennig; MAAS, Rosana Helena. Audiência pública realizada pelo Supremo Tribunal Federal sobre a lei de biossegurança como forma de ocorrência da figura do "amicus curiae". *Revista de Estudos Constitucionais e Teoria do Direito – RECHTD*, 2(I), p. 40-49, jan./jul. 2010.

LEAL, Rogério Gesta. As responsabilidades políticas do ativismo judicial: aspectos teórico-práticos da experiência norte-americana e brasileira. *In*: LEAL, Rogério Gesta (Org.). *Ativismo judicial e déficits democráticos*: algumas experiências latino-americanas e européias. Rio de Janeiro: Lumen Juris, 2011.

MARINHO, Luciano. Amicus curiae: instituto controvertido e disseminado no ordenamento jurídico brasileiro. *Revista Esmafe – Escola de Magistratura Federal da 5ª Região*, n. 16, p. 49-56, dez. 2007.

MARTINS, Ives Gandra da Silva; MENDES, Gilmar Ferreira. *Controle concentrado de constitucionalidade*: comentários à Lei 9.868, de 10.11.1999. São Paulo: Saraiva, 2001.

MAVEETY, Nancy (Org.). *The pioneers of judicial behavior*. Michigan: University of Michigan Press, 2006.

MEDINA, Damares. *Amicus curiae*: amigo da Corte ou amigo da parte?. São Paulo: Saraiva, 2010.

MORAES, Alexandre de. *Direito constitucional*. 17. ed. São Paulo: Atlas, 2005.

MOREIRA NETO, Diogo de Figueiredo. A Advocacia de Estado revisitada: essencialidade ao Estado Democrático de Direito. *In*: GUEDES, Jefferson Carús; SOUZA, Luciane Moessa de (Coord.). *Advocacia de Estado*: questões institucionais para a construção de um estado de justiça: estudos em homenagem a Diogo de Figueiredo Moreira Neto e José Antonio Dias Toffoli. Belo Horizonte: Fórum, 2009. p. 23-52.

REFERÊNCIAS | 133

NAGEL, Stuart S. Court-Curbing Periods in American History. *Vanderbilt Law Review*, v. 18, p. 925–944, 1965.

PEIXOTO, Leonardo Scofano Damasceno; RAIS, Diogo. Críticas à morfologia subjetiva do Tribunal Constitucional brasileiro. *Revista Brasileira de Estudos Constitucionais – RBEC*, Belo Horizonte, ano 3, n. 12, p. 209-246, out./dez. 2009.

PILDES, Richard H. Is the Supreme Court a "Majoritarian" Institution?. *Supreme Court Review*, Dec. 31, 2010; *NYU School of Law, Public Law Research Paper*, n. 11-01. Disponível em: <http://ssrn.com/abstract=1733169>. Acesso em: 18 fev. 2011.

PIRES, Thula Rafaela de Oliveira Pires. Cass Sunstein: do republicanismo ao minimalismo judicial. *In*: VIEIRA, José Ribas (Org.). *Teoria constitucional norte-americana contemporânea*. Rio de Janeiro: Lumen Juris, 2011.

SCAVONE, Rafael. *A Audiência Pública realizada na ADI 3510-0*: a organização e o aproveitamento da primeira audiência pública da história do Supremo Tribunal Federal, apresentada em 2008 na Escola de Formação da Sociedade Brasileira de Direito Público. Disponível em: <http://www.sbdp.org.br/ver_monografia.php?idMono=125>. Acesso em: 18 fev. 2011.

SCHOR, Miguel. Constitutional Dialogue and Judicial Supremacy. *Suffolk University Law School Research Paper 10-66*, Dec. 23, 2010. Disponível em: SSRN: <http://ssrn.com/abstract=1730202>. Acesso em: 29 dez. 2010.

SEGAL, Jeffrey A. Judicial Behavior. *In*: WHITTINGTON, Keith E.; KELEMEN, R. Daniel; CALDEIRA, Gregory A. (Ed.). *The Oxford Handbook of Law and Politics*. New York: Oxford University Press, 2008. p. 19-33.

SILVA, Cecília de Almeida *et al*. *Diálogos institucionais e ativismo*. Curitiba: Juruá, 2010.

SPRIGGS, James F.; WAHLBECK, Paul J. Amicus Curiae and the Role of Information at the Supreme Court. *Political Research Quarterly*, v. 50, n. 2, p. 365-386, June 1997.

STRECK, Lênio Luiz; LIMA, Martônio Mont'Alverne Barreto. *Controle preventivo e juristocracia*: a Constituição não prevê controle de constitucionalidade preventivo. Disponível em: <http://www.supremoemdebateblogspot.com>. Acesso em: 29 jan. 2011.

SUNSTEIN, Cass. The Law of Group Polarization. *University of Chicago Law School, John M. Olin Law & Economics Working Paper*, n. 91, Dec. 1999. Disponível em: <http://ssrn.com/abstract=199668>. Acesso em: 24 jun. 2010.

SUNSTEIN, Cass. *A Constitution of many minds*: why the Founding Document doesn't mean what it mean before. Princeton: Princeton University Press, 2009a.

SUNSTEIN, Cass. *A era do radicalismo*. Tradução de Luciene Scalzo Guimarães. Rio de Janeiro: Elsevier, 2010.

SUNSTEIN, Cass. *Designing democracy*: What constitutions do. Oxford: Oxford University Press, 2001.

SUNSTEIN, Cass. *Going to extremes*: How like minds unite and divide. New York: Oxford University Press, 2009b.

SUNSTEIN, Cass. *Infotopia*. How many minds produce knowledge. Oxford: Oxford University Press, 2006.

SUNSTEIN, Cass. *One case at a time*: Judicial minimalismo in the Supreme Court. Cambridge: Harvard University Press, 1997.

SUNSTEIN, Cass. *Republic.com 2.0*. Princeton University Press, 2009c. E-book.

SUNSTEIN, Cass. *Why do societies need dissent*. Cambridge: Harvard Press University, 2003.

TUSHNET, Mark. Ceticismo sobre o *judicial review*: uma perspectiva dos Estados Unidos. *In*: BIGONHA, Antonio Carlos Alpino; MOREIRA, Luiz (Org.). *Limites do controle de constitucionalidade*. Rio de Janeiro: Lumen Juris, 2009. p. 221-241.

TUSHNET, Mark. Popular constitutionalism as political law. *Chicago-Kent Law Review*, v. 81, p. 991-1003, 2006.

TUSHNET, Mark. *Taking the constitution away from the courts*. Princeton: Princeton University Press, 1999.

TUSHNET, Mark. *Weak courts, strong rights*: judicial review and social welfare rights in comparative constitutional law. Princenton: Princenton University Press, 2008.

UNITED STATES OF AMERICA. Rules of the Supreme Court of the United States of America. Disponível em: <http://www.supremecourt.gov/ctrules/2010RulesoftheCourt. pdf>. Acesso em: 18 maio 2010.

URBINATI, Nadia. Unpolitical democracy. *Political Theory*, 38(1), p. 65-92, 2010.

VALLE, Vanice Regina Lírio do (Org.). *Ativismo jurisdicional e o Supremo Tribunal Federal*: Laboratório de Análise Jurisprudencial. Curitiba: Juruá, 2009.

VALLE, Vanice Regina Lírio do. *Sindicar a omissão legislativa*: real desafio à harmonia entre poderes. Belo Horizonte: Fórum, 2004.

VALLE, Vanice Regina Lírio do; AJOUZ, Igor. Abertura dialógica na jurisdição constitucional: do contramajoritarianismo ao alinhamento com a maioria. *Jurispoiesis*, Rio de Janeiro, v. 13, p. 431-456, 2010.

VALLE, Vanice Regina Lírio do; SILVA, Cecília de Almeida. Abertura dialógica no controle abstrato de constitucionalidade: um olhar ainda preceitual. *A&C – Revista de Direito Administrativo & Constitucional*, ano 10, n. 42, p. 105-130, set./dez. 2010.

VALLE, Vanice Regina Lírio do; SILVA, Cecília de Almeida. Constitucionalismo cooperativo ou a supremacia do Judiciário?. *Jurispoiesis*, Rio de Janeiro, v. 12, p. 321-348, 2009.

VERMEULE, Adrian. Many-Minds Arguments in Legal Theory. *Harvard Public Law Working Paper*, n. 08-02, 2008. Disponível em: <http://ssrn.com/abstract=1087017>. Acesso em: 24 jun. 2010.

VERMEULE, Adrian. *Law and the limits of reason*. New York: Oxford University Press, 2009.

WALDRON, Jeremy. *Law and disagreement*. New York: Oxford University Press, 1999.

WALDRON, Jeremy. Constitutionalism: a skeptical view. *Public Law & Legal Theory Research Paper Series – Working Paper*, n. 10-87. Disponível em: <http://papers.ssrn.com/sol3/papers.cfm?abstract_id=1722771>. Acesso em: 18 jan. 2011.

WHITTINGTON, Keith. Give "the people" what they want?. *Chicago-Kent Law Review*, v. 81, p. 911-922, 2006.

WHITTINGTON, Keith. Interpose your friendly hand: political supports for the exercise of judicial review by the United States Supreme Court. *American Political Science Review*, v. 99, n. 4, p. 583-596, Nov. 2005.

WHITTINGTON, Keith. Legislative sanctions and the strategic environment of judicial review. *International Journal of Constitutional Law*, v. 1, n. 3, p. 446-474, 2003.

WHITTINGTON, Keith; CLARK, Tom. Ideology, partisanship and judicial review of acts of Congress, 1789-2006. Disponível em: <http://ssrn.com/abstract=1475660>. Acesso em: 10 jan. 2011.

ZAGREBELSKY, Gustavo. Jueces constitucionales. *Boletín Mexicano de Derecho Comparado*, nueva serie, año 39, n. 117, p. 1135-1151, sept./dec. 2006.

ÍNDICE DE ASSUNTO

A

Audiência pública 36, 43-44, 47, 126-127
- Antecipação terapêutica do parto de feto anencefálico 75-82
- Dinâmica da realização 49
- Importação de pneus 70-75
- Judicialização da saúde 82-88
- Mecanismos previstos para a realização 119
- Participação 120
- Relevância da questão procedimental 113
- Uso terapêutico de células-tronco embrionárias....................................64-70

B

Beneplácito popular
- Mensuração
- - Fontes 35

C

Catalisador 37
Comportamento
- Dos magistrados 31
- Judicial.. 21
Constitucionalismo latino-americano .. 14
Contramajoritarianismo 38, 100
Controle das políticas públicas
- Âmbito
- - Posicionamento judicial.................... 29

D

Decisão judicial...................................... 83
- Identificada como minimalista 12
Domínio cognitivo ordinário
- Dogmas 23

E

Exercício da função jurisdicional nas cortes constitucionais 33

G

Grupo de Pesquisa Novas Perspectivas na Jurisdição Constitucional 12

H

Hipóteses de intervenção
- Elementos de diferenciação................ 44
- - Conteúdo da informação que se agregará à demanda 44
- - Iniciativa para a participação........... 44
- - Modo pelo qual se materializa a intervenção... 45

I

Informantes... 54
Intervenientes obrigatórios............. 43, 53

J

Judicial review.................................. 17, 37
- Americano... 124
- - Caractéristicas próprias 123
- Legitimação... 106
- Tratamento doutrinário convencional...................................... 23

P

Poder judiciário 83
- Atribuição 18
- Autonomia para a elaboração de proposta orçamentária...................25-26
- Deflagração de sanções políticas contra... 21
- *Diffuse suport* alcançado 35

	página
- Independência	20
- Pressuposto	
- - Manifestação	
- - - formas	18
Processo de "antecipação e mediação de conseqüências"	26-27
Procuradoria-Geral da Republica	53

S

Societal wisdon
- Consolidação ... 105

	página
T	
Teorema de Condorcet	102, 103
Teoria dos diálogos	33
Terceiro pacto republicano	13-14
Terceiro requerente	43

V

Vitaliciedade
- Garantia ... 19

ÍNDICE DA LEGISLAÇÃO

página

C

Código de Processo Civil
- art. 139 41
Constituição da República
Federativa do Brasil de 1988 19
- art. 1º ....
- - inc. III.. 64
- - inc. IV 75
- art. 5º 64
- - inc. II... 75
- art. 6º 75
- art. 86 26
- art. 95 19
- art. 99 19
- - §1º... 25
- art. 102 .... 14, 123
- art. 103 .... 51, 53
- - §1º... 43
- - §3º... 43
- art. 166 25
- art. 168 26
- art. 170 71
- art. 196 .... 71, 75
- art. 225 71

D

Decreto-Lei nº 972/1969
- art. 4º
- - inc. V... 21

E

Emenda Constitucional
nº 45/2004 .... 13, 44, 53, 124
Emenda Regimental
nº 29/2009 ....24, 44, 47, 79, 82,
113, 116, 125

página

L

Lei complementar nº 101/2000 26
Lei nº 6.385/1976
- art. 31 41
Lei nº 9.868/1999 ....13, 40, 41, 43,
44, 47, 51, 52, 54, 78, 125
- art. 6º 46
- art. 7º 43, 46, 51, 57
- - §1º... 56
- - §2º........... 43, 44, 46, 51, 55, 57, 61, 70, 78
- art. 8º 43, 46, 53
- art. 9º 43, 46, 65
- - §1º..44, 66, 67
- - §2º..................................43, 45, 47, 59, 61
- art. 12-E.. 43
- - §3º... 53
- art. 18
- - §1º... 56
- art. 19 .... 43, 53
- art. 20
- - §1º..44, 47
- - §2º... 45
Lei nº 9.882/1999 .... 43, 44, 54, 125
- art. 5º
- - §2º... 43
- art. 6º
- - §1º... 43
- art. 7º 53
Lei nº 10.259/2001
- art. 7º
- - §2º... 55
Lei nº 11.105/2005 47
- art. 5º 64
Lei nº 12.018/2010 125
Lei nº 12.063/2009 .... 43, 44, 52, 56

	página
P	
Projeto de Lei nº 7.749/2010 25	
R	
Regimento Interno do Supremo Tribunal Federal	

	página
- art. 131	
- - §3º..70	
- art. 154	
- - inc. III...89	

ÍNDICE ONOMÁSTICO

A

Alexy, Robert 42, 59

B

Barber, N. W. 99, 115, 118
Barroso, Luís Roberto 19, 20, 81
Bateup, Christine 12, 13, 23, 24,
31, 32, 33, 61
Bickel, Alexander 9, 29, 99, 105
Bittencourt, Lucio 40
Britto, Carlos Ayres 70
Bueno Filho, Edgard Silveira 41

C

Carolan, Eoin 17

D

Dahl, Robert A. 96, 99, 101
Dias, Alberto Costa 93
Dixon, Rosalind 28
Donnelly, Tom 32

E

Epstein, Lee 27, 35

F

Fallon Jr., Richard H. 17
Ferejohn, John 10, 11, 20, 21, 22,
26, 30, 99, 104, 107, 110
Friedman, Barry 23, 25, 31,
32, 37, 61

G

García de Enterría, Eduardo 19
Graber, Mark A. 22

G

Griffin, Stephen 10
Grossi, Paolo 111, 117

H

Häberle, Peter 40, 43
Hirschl, Ran 22

K

Kägi, Werner 9
Knight, Jack 27, 35
Kramer, Larry D. 14

M

Marinho, Luciano 41
Martins, Ives Gandra da Silva 40, 43
Medina, Damares 111
Mendes, Gilmar Ferreira 21, 36, 40,
42, 51, 70, 81, 82, 83,
84, 85, 86, 87

N

Nunes, Rodolfo Acatauassú 68

P

Pasquino, Pasquale 107
Peluso, Cezar 13, 14
Pildes, Richard H. 99

S

Scavone, Rafael 64, 69
Segal, Jeffrey A. 21
Spriggs, James F. 45, 61
Sunstein, Cass 10, 11, 12,
98, 99, 103, 104, 106,
111, 116, 118, 126

	página

T

Temporão, José Gomes 80
Toffoli, José Dias 84, 85
Tushnet, Mark 14, 31, 34, 99

V

Vermeule, Adrian 10, 11, 99, 106, 126

	página

W

Wahlbeck, Paul J. 45, 61
Waldron, Jeremy...........................106, 109
Whittington, Keith 22, 27, 29, 31

Z

Zagrebelsky, Gustavo 45

Esta obra foi composta em fonte Palatino Linotype, corpo 10
e impressa em papel Offset 75g (miolo) e Supremo 250g (capa)
pela Artes Gráficas Formato Ltda.
Belo Horizonte/MG, maio de 2012.